Ausbildungsunterlagen Auf- und Abseiltechnik

Mirco Bode

2016

Ich habe keine besondere Begabung, sondern bin nur leidenschaftlich neugierig.

—Albert Einstein

Inhaltsverzeichnis

1 Entstehung und Geschichte [1]   **9**
    1.1   Die Entwicklung des SRD 9

2 Physikalische Grundlagen   **11**
    2.1   Kräfteverteilung in verschiedenen Seilsystemen . 14
    2.2   Sturzfaktor 16
    2.3   Auffangstrecke und Sturzraum 17

3 Sicherungskette   **19**
    3.1   Anschlageinrichtung 19
        3.1.1   Anschlageinrichtungen nach DIN EN 795   21
        3.1.2   Anschlaghilfen 24
        3.1.3   Arten von Anschlagverbindungen 25
    3.2   Verbindungselement 33
        3.2.1   Form und Verwendungszweck 35
        3.2.2   Ausführung von Verbindungselementen . 38
    3.3   Seile 40
    3.4   Knoten 41
        3.4.1   Sackstich 43
        3.4.2   Doppelter Sackstich 44
        3.4.3   Achtknoten 45
        3.4.4   Achtknoten mit doppelter Schlaufe 46
        3.4.5   Mastwurf 47
        3.4.6   Halbmastwurf (HMS) 48
        3.4.7   Schleifknoten 49
        3.4.8   Prusikknoten 50

Inhaltsverzeichnis

		3.4.9	Spierenstich doppelt	51
		3.4.10	Spierenstich / Kreuzschlag	52
	3.5	Abseilgeräte, Seibremsen		53
		3.5.1	Abseilgeräte	53
		3.5.2	Seilbremsen	57
	3.6	Gurte		59
		3.6.1	Sitzgurte (DIN EN 813)	59
		3.6.2	Auffanggurte	60
		3.6.3	Auswahlkriterien für Gurte	63

4 Sicherungsmöglichkeiten gegen Absturz — **67**
- 4.1 Einrichten eines Geländerseils — 68
- 4.2 Sichern an der Absturzkante - Rückhaltesystem — 69
  - 4.2.1 Vertikaler Vorstieg — 70
- 4.3 Vertikaler Vorstieg — 70
- 4.4 Horizontaler Vorstieg — 70
- 4.5 Steigen im Seil — 73

5 Rettungstechniken — **75**
- 5.1 Windenergieanlagen — 75
  - 5.1.1 Afbau von Windenergieanlagen — 76
  - 5.1.2 Rettungstechniken von Windenergieanlagen — 84
- 5.2 Rettung von Personen mittels Vertikaler Rettungstechniken — 90
  - 5.2.1 Rettung durch übernehmen — 90
  - 5.2.2 Rettung durch ablassen — 93
  - 5.2.3 Rettung mit Trage -Parallelabfahrt- — 94
  - 5.2.4 Rettung mit Trage -Einzelabfahrt- — 96
- 5.3 Diagonale Rettungstechniken — 98
- 5.4 Horizontale Rettungstechniken — 99
- 5.5 Flaschenzugsysteme — 101

Inhaltsverzeichnis

	5.5.1 einfachen Faktorenflaschenzug	103
	5.5.2 einfacher Potenzflaschenzug	105
	5.5.3 Expressfalschenzug	107
	5.5.4 Schweizer Flaschenzug	108
5.6	Verstellbares Tragen-System	110

6 Notfallsituation: Hängetrauma   **113**
6.1 Ursache 113
6.2 Krankheitsentstehung 114
6.3 Pathogenese des drohenden Bergungstodes 115
6.4 Symptome 116
6.5 Therapie 116
6.6 Allgemeine Bedeutung 117
6.7 Begriffsbegrenzung 118
6.8 Erstbeschreibung 118

7 Notfallsituation: Rettungskollaps   **119**
7.1 SARRRAH 119
7.2 ICAR 120
7.3 Auftreten des Rettungskollaps 120

Literaturverzeichnis   **121**

Inhaltsverzeichnis

I Vorwort

Diese Unterlage dient als Lehrmaterial zur Grundausbildung, Weiterbildung sowie als Nachschlagewerk für die Höhenretter der Werkfeuerwehr LEAG. Weiterhin ist dieses Buch nur eine Sammlung von, zur Zeit des Schreibens, aktuellen Techniken und Wissen im Zusammenhang mit Absturzsicherung bzw. Rettung und Arbeitstechniken. Spezielle Themen können in der Grundausbildung nicht behandelt werden und erfordern weiterführende Ausbildung bis hin zu speziellen Lehrgängen. Die hier dargestellten Arbeitstechniken bzw. Rettungstechniken sind Grundlagen und können / müssen bei Erfordernis angepasst werden.

Außerdem möchte ich darauf hinweisen, dass einige hier gezeigte Techniken nur als Vorschläge anzusehen sind und gegebenenfalls abgewandelt werden können, über Anregung, Kritik und Änderungsvorschläge bin ich natürlich dankbar.

Inhaltsverzeichnis

1 Entstehung und Geschichte [1]

Schon im Jahr 1877 stellte C.D. Magirus in seinem Buch „Das Feuerlöschwesen in all seinen Teilen" Selbstrettungsapparate vor, die sowohl für Feuerwehren als auch für Privatpersonen geeignet waren, sich oder andere Personen aus einer Höhe von bis zu 17 Meter herabzulassen. Dieser „Selbstrettungsapparat" war in Form und Funktion fast bis ins Detail mit einem modernen Abseilachter identisch.

Magirus erprobte, in umfangreichen Experimenten, die Seilreibung und Bremswirkung an „Französischen und Belgischen Apparaten". Seit dieser Zeit mussten die deutschen Feuerwehren über 100 Jahre warten, bis Mitte der achtziger Jahre die Auf- und Abseiltechnik (Anwendung und Weiterentwicklung im Bergrettungsdienst ab 1930 und Grubenrettungswesen ab 1950), als „Spezieller Rettungsdienst" (SRD) in ausgewählten Berufsfeuerwehren der ehemaligen DDR zum Einsatz kam.

Abbildung 1.1: [1]

1.1 Die Entwicklung des SRD

Ende er siebziger Jahre gab es national und international mehrere Ereignisse in Hochbauten und Industrieanlagen, bei de-

1 Entstehung und Geschichte [1]

Ausbildung der Einsatzkräfte des SRD - Kommando Feuerwehr Cottbus 1987

Abbildung 1.2: [1]

nen Personen in zum Teil lebensbedrohlichen Situationen mit herkömmlichen Mitteln der Feuerwehr nicht gerettet werden konnten. Im Zusammenhang mit dem Bergunfalldienst des DRK testeten 1982 in Berlin Feuerwehrmänner verschiedene Ausrüstungen und Verfahren der Auf- und Abseiltechnik auf ihre Einsetzbarkeit bei der Feuerwehr. Nach erfolgreichen Abschluss der Erprobung wurde 1986 entschieden, in ausgewählten Berufsfeuerwehren den „Speziellen Rettungsdienst der Feuerwehr" (SRD) aufzubauen. Dazu wurde an der Fachschule Heyrothsberge eine Leitstelle SRD gebildet, der 8 Führungskräfte der Feuerwehr angehörten. 1986 erwarben an der Fachschule die ersten 23 Ausbilder des SRD ihren Abschluss und begannen mit der Ausbildung in den Bezirken. Die BKS Heyrothsberge hat diese spezielle Ab- und Aufseilverfahren für die Feuerwehren ständig weiterentwickelt und verbessert. Heute gibt es in Deutschland 100 Feuerwehren mit rund 2000 Höhenretter (Stand 2001)

2 Physikalische Grundlagen

In der Höhenrettung haben wir es immer wieder mit Kräften zu tun, welche in diesem Abschnitt erläutert und anhand von Beispielen vereinfacht dargestellt werden. Aufgrund der Masse der Erde haben wir eine Anziehungskraft auf unseren Planeten. Dies bewies Newton schon vor vielen hundert Jahren in dem er die Newton'schen Axiomen aufstellte.

Eines davon besagt, dass ein Körper der eine bestimmte Masse hat auch eine bestimmte Anziehungskraft auf einen anderen Körper ausübt. Bedeutet: Desto größer die Masse eines Körpers, umso größer auch seine Anziehungskraft. Bei uns Menschen ist diese Kraft zu vernachlässigen, da unsere Masse im Vergleich zur Erde sehr gering ist. Anders sieht das im Verhältnis Erde-Mensch aus. Die Erde hat eine Masse von $5,974 * 10^{24} kg$,
somit wirkt auf uns eine Fallbeschleunigung von $9,80665 \frac{m}{s^2}$.

Abbildung 2.1: [2]

Aufgrund dieser Fallbeschleunigung und der Formel F=m*a können wir relativ schnell Kräfte berechnen. Diese Erkenntnis bringt uns recht im Handumdrehen zum 3. Newton'schen

2 Physikalische Grundlagen

Axiom, welches besagt, dass von jeder Kraft eine Gegenkraft ausgeht. Einfach gesagt: Ziehen wir an einem Seil, zieht das Seil auch an uns. In der Höhenrettung sind diese Kräfte zu berücksichtigen, sei es bei den Anschlagpunkten, der maximalen Belastbarkeit von Geräten und Seilen oder auch die Sturzbelastungen auf den Körper.

Kommen wir nun zu einer Beispielrechnung:
Nehmen wir an, ein Arbeiter mit einer Masse von 80kg stürzt aus einer Höhe von ca. 2m in seine Absturzsicherung! Welche Kräfte wirken auf den Körper der Person?

Geg.:Sturzhöheh= 2m
Masse $m_{Arbeiter} = 80kg$
Fallbeschleunigung $g_{Erde} = 9,80665 \frac{m}{s^2}$
Ges.:F Körper/Anschlagpunkt
Lösung: $F = m * a$

Da es sich um eine beschleunigte Bewegung handelt, können wir die Werte natürlich nicht einfach einsetzen. Wir müssen uns vorerst Gedanken machen mit welcher verzögerten Beschleunigung der Arbeiter in sein Seil fällt. Dabei ist anzunehmen, dass der Arbeiter innerhalb von t0 0,014s von seiner Fallgeschwindigkeit auf 0km/h verlangsamt wird. Diese berechnet sich wie folgt:

$$a = \frac{2 * (s(t) - v_0 * t)}{t^2}$$

Um diese Formel berechnen zu können benötigen wir noch die Zeit (t) und die Geschwindigkeit (v) mit welcher der Arbeiter fällt. Die Fallzeit berechnen wir mit der Formel der gleichmäßig beschleunigten Bewegung.

$$h = \frac{g * t^2}{2}$$

Umgestellt nach t ergibt das:

$$t = \sqrt{2 * s \div g)}$$

$$t = \sqrt{((2 * 2m \div 9,80665\frac{m}{s^2})}$$

$$t = 0,638s$$

Die Geschwindigkeit mit welcher der Arbeiter in das Seil fällt berechnen wir mit der Formel:

$$v = g * t$$

$$v = 9,80665\frac{m}{s^2} * 0,638s$$

$$v = 6,257\frac{m}{s}$$

Das entspricht einer Geschwindigkeit von ca. 225 km/h ($6,257\frac{m}{s}$ * $3,6$).

Setzen wir nun unsere Ergebnisse in die obere Formel ein: S(t):Zurückgelegter Weg zur Zeit t (Wir wollen ja wissen wie viel Kraft beim Aufprall auf den Körper wirkt, d.h. wir müssen berechnen wie viel Weg (s0) während des Bremsvorganges (Verzögerungszeit t0) zurückgelegt wird.
($v = 6,257 m/s, t = 0,014s, s = v * t, s = 6,257 * 0,014, s = 0,088m$)

$$a = \frac{(2 * (s - v_0 * t))}{t^2}$$

$$a = \frac{2 * ((0,088m - 6,256\frac{m}{s} * 0,014s))}{(0,014s^2)}$$

$$a = -881,143\frac{m}{s^2}$$

2 Physikalische Grundlagen

Das negative Vorzeichen bedeutet, dass die Kraft nach oben gerichtet ist. Berechnen wir nun die Kraft auf den Arbeiter:

$$F = m * a$$
$$F = 80kg * (-881,143\frac{m}{s^2})$$
$$F = -70491,43N = -70,491kN$$

Diese Berechnung ist allerdings für einen Statischen Körper. Die Seildehnung von ca. 1,5% und andere dynamische Faktoren wurden vernachlässigt. Die Kraft bei einem dynamische Sturz kann man auf 10% des Wertes festsetzen.

Somit Beträgt die Kraft auf den Körper ca. 7kN

Das Bedeutet: Auf den Menschlichen Körper wirken 700kg, ungefähr so viel wie 700 Wasserflaschen.
Anhand diesem Beispiel ist zu erkennen, weshalb Festpunkte, Geräte und Seile diese hohen Belastungen aushalten müssen.

2.1 Kräfteverteilung in verschiedenen Seilsystemen

In den verschiedenen Varianten der Rettung können auch verschiedene Kräfte in den jeweiligen Anschlagpunkten auftreten. Welche bei falscher Beachtung das System Zerstören können.
Bei Vertikaler Verwendung der Tragseile ist die Kraft im Anschlagpunkt so hoch wie die Abseilbelastungen (Abbildung 2.2).
Bei diagonalen bzw. horizontalen Seilsystemen ist darauf zu achten das die Seilspannung nicht zu stark ist, da ansonsten die Kräfte in den Anschlagpunkten gegen unendlich gehen können und somit das System überlastet wird. Je nach Durchhang des Seils verändern sich bei Belastung im Seil, die Lasten in den Anschlagpunkten (Abbildung 2.3 und Abbildung 2.4).

2.1 Kräfteverteilung in verschiedenen Seilsystemen

Abbildung 2.2: [3]

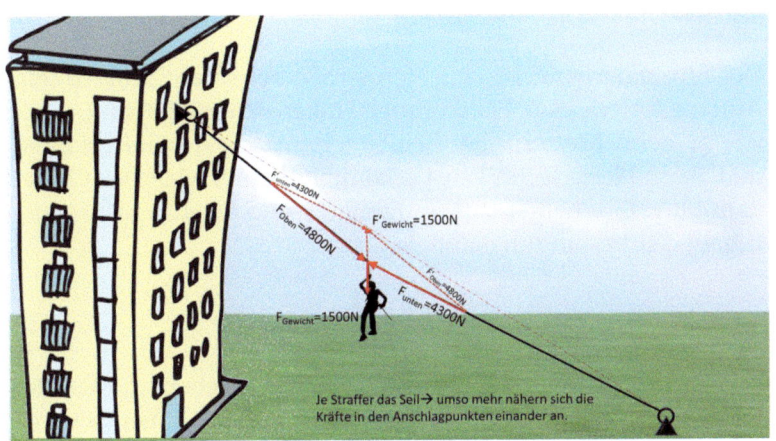

Abbildung 2.3: [3]

2 Physikalische Grundlagen

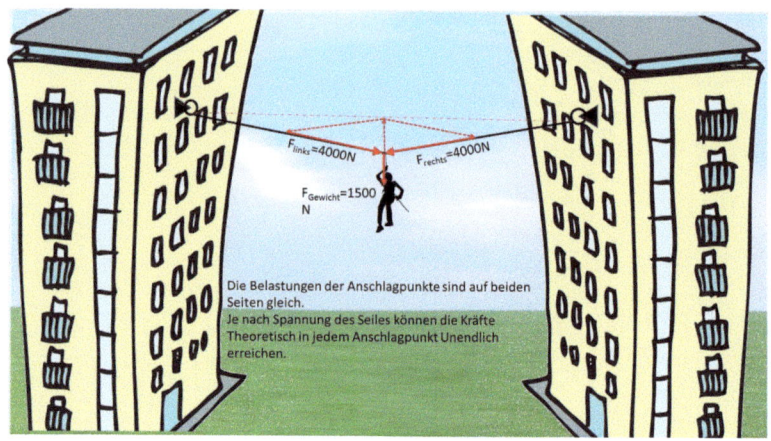

Abbildung 2.4: [3]

2.2 Sturzfaktor

Der Sturzfaktor *SF* ist eine Kenngröße bei einem Sturz in ein Auffangsystem (Seil, Falldämpfer, Höhensicherungsgerät, usw.) wie er beim Klettern, bei Seil-Unterstützten Arbeitsverfahren und Baumklettertechniken vorkommen kann. Man bezeichnet damit den Quotienten aus Sturzhöhe h und der Länge des ausgegebenen Verbindungsmittels l.

$$SF = \frac{h}{l}$$

Da man nicht mehr als die doppelte ausgegebene Länge der Verbindung zwischen Anschlagpunkt und Gurt fallen kann, ist der maximale Sturzfaktor 2.

Wichtig: Die Kraft, welche beim Sturz auf den Körper bzw. das Auffangsystem wirkt, darf **6 kN nicht überschreiten!**(siehe

2.3 Auffangstrecke und Sturzraum

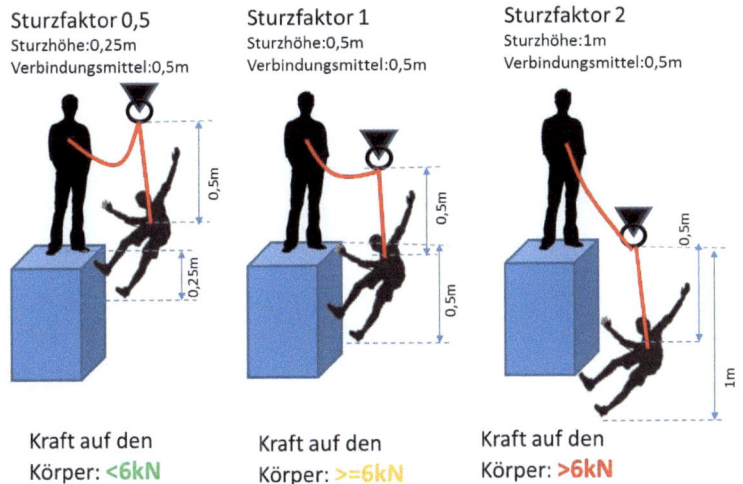

Abbildung 2.5: [3] Darstellung des Sturzfaktors

Berechnung oben). Um die auftretenden Kräfte zu verringern, verwendet man entweder Bandfalldämpfer, Dynamikseile oder andere Geräte welche die Kraft auf max. 6 kN begrenzen.

2.3 Auffangstrecke und Sturzraum

Der Sturzraum ist die unterhalb eines Auffangsystems vorzusehende minimale Strecke, damit der Anwender beim Auffangen des Sturzes nicht auf ein Hindernis aufschlagen kann. Die notwendige Strecke ist vom verwendeten System (Verbindungsmittel mit Falldämpfer, mitlaufendes Auffanggerät usw.), vom Gewicht des Anwenders und seiner Positionierung zum Anschlagpunkt abhängig.

2 Physikalische Grundlagen

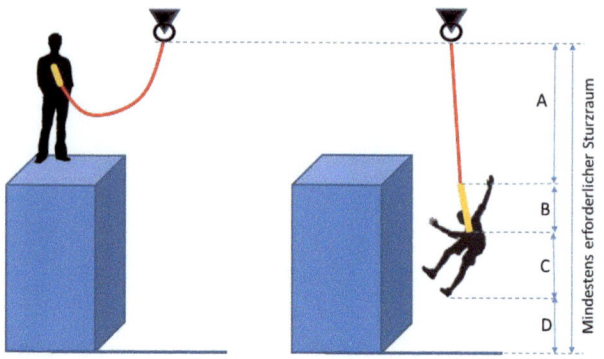

Abbildung 2.6: [3] Sturzraum

A = Auffangstrecke mitlaufendes Auffanggerät (max. 1m) bzw. Länge des Verbindungsmittels (max. 2m)
B = Aufreißlänge des Falldämpfers (max. 1,75m)
C = durchschnittliche Größe des Anwenders
D = Sicherheitsreserve (1m)

3 Sicherungskette

Wie bei einer Halskette, so ist auch bei der Höhenrettung jedes einzelne Glied enorm wichtig um einen Zusammenhalt zu gewährleisten.
Diese Kette ist natürlich nur so gut wie ihr schwächstes Glied, d.h. hält nur ein Teil dieser Kette der Belastung nicht stand, ist die Funktion der Sicherung nicht mehr gegeben!

3.1 Anschlageinrichtung

[4] Die Anschlageinrichtung ist ein entscheidender Bestandteil jedes Auffangsystems. In der Praxis ist die Auswahl oft schwierig. Im Unterschied zu den meisten Bestandteilen eines Auffangsystems kann die Auswahl und Festlegung der geeigneten Anschlageinrichtung oftmals erst vor Ort entschieden werden. Dabei sind die Anforderungen an den Anschlagpunkt groß:

- Er muss ausreichend fest sein, um den Sturz auffangen zu können
- Er muss eine ausreichende lichte Höhe im Absturzbereich gewährleisten
- Er sollte möglichst senkrecht über den Kopf des Anwenders liegen, um die Fallhöhe gering zu halten und einen Pendelsturz zu vermeiden

Anschlagpunkte, die diesen Anforderungen genügen, sind in der Praxis nicht immer vorhanden. Um auf die Gegebenhei-

3 Sicherungskette

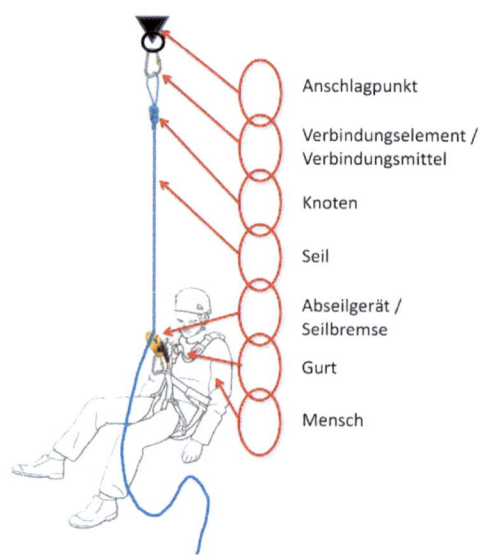

Abbildung 3.1: [3] Sicherungskette

3.1 Anschlageinrichtung

ten vor Ort reagieren zu können, sollten die Mitarbeiter, welche mit Auffangsystemen arbeiten, ausreichend Anschlaghilfen und transportable, vorübergehend anzubringende Anschlageinrichtungen zur Verfügung haben.
Die Norm unterscheidet zwischen

- Anschlageinrichtungen nach DIN EN 795, die eine oder mehrere Anschlagpunkte enthalten. Das können zum Beispiel Anker oder Führungsseile sein.

- Anschlagmöglichkeiten an Teilen baulicher Anlagen, die temporär zum Befestigen von persönlichen Schutzsystemen benutzt werden. Dazu zählen Balken, Träger oder Rohre von Stahlkonstruktionen.

- Anschlaghilfen als Hilfsmittel für das Befestigen von Auffangsystemen an bauseits vorhandene Anschlagmöglichkeiten. Das können z.B. Bandschlingen sein.

Der Anschlagpunkt muss ausreichend bemessen sein. Das ist der Fall, wenn die Tragfähigkeit für eine Person nach den technischen Baubestimmungen für eine statische Einzellast von 6kN mit einem Teilsicherheitsbeiwert (Sicherheitsfaktor) von 1,25 beträgt. Der Anschlagpunkt muss nicht nur ausreichend fest sein, er soll auch so platziert sein, dass die Sturzhöhe so gering wie möglich gehalten und ein Pendelsturz vermieden wird. Dazu soll er möglichst senkrecht und hinter der Arbeitsstelle liegen. Für die Sicherung großflächiger Absturzbereiche eignen sich Anschlageinrichtungen, die parallel zur Absturzkante verlaufen.

3.1.1 Anschlageinrichtungen nach DIN EN 795

[4]

3 Sicherungskette

Anschlageinrichtungen für PSA gegen Absturz sind Einrichtungen mit einem oder mehreren Anschlagpunkten zum Befestigen von Auffangsystemen.
Diese Anschlageinrichtungen müssen zugelassen sein.
Sie müssen darüber hinaus für die jeweilige Gegebenheit geeignet sein.
Sie müssen weiterhin eine Belastung von 10KN (Industrie 6KN je jede weitere Person +1KN) aufnehmen können.
Unterschieden wird zwischen

- Ankern (Klasse A1 und Klasse A2)

- Transportablen, vorübergehend angebrachten Anschlageinrichtungen wie Anschlagseile, Trägerklemmen oder Dreibeine (Klasse B)

- Anschlageinrichtungen mit horizontalem Führungsseil oder horizontaler Führungsschiene (Klasse C und Klasse D)

- Durch Eigengewicht gehaltene Anschlageinrichtungen zur Benutzung auf horizontalen Flächen (Klasse E)

Die Montage von speziellen Anschlageinrichtungen am Bauwerk, insbesondere Befestigungen, die später nicht mehr zu sehen sind (z. B. Anker unter Isolationsschichten oder verklebten Dachverkleidungen), sollten in Art und Ausführung dokumentiert sein. Herstellerhinweise sind unbedingt zu beachten. Die Montage von Anschlageinrichtungen muss mit der erforderlichen Sachkunde erfolgen, die auch von einer eventuellen Montagefirma gefordert werden sollte.

3.1 Anschlageinrichtung

Anschlageinrichtungen mit horizontalem Führungsseil oder horizontaler Führungsschiene

Anschlagmöglichkeiten an baulichen Einrichtungen sind zum Beispiel

- Träger oder Rohre von Stahlkonstruktionen
- tragfähige Geländerteile

Das Auffangsystem darf sich nicht unbeabsichtigt lösen können. Die Anschlagmöglichkeiten müssen die maximal mögliche Belastung bei einem Absturz auffangen. Es muss nachgewiesen werden, dass die Konstruktion eine Kraft von 6 kN (7,5 kN mit Sicherheitsbeiwert) aufnehmen kann. Für jede weitere Person ist die Kraft um 1 kN zu erhöhen. Als Faustregel gilt, dass der Anschlagpunkt mindestens 1 t tragen muss. Eine Verlängerung ist unzulässig! Bei der Benutzung von Bandfalldämpfern darf die Sturzstrecke nicht durch Schlingen etc. verlängert werden.

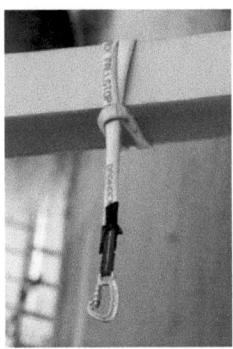

Abbildung 3.3: [4]

3 Sicherungskette

3.1.2 Anschlaghilfen

Als Hilfsmittel für das Befestigen von Auffangsystemen an bauseits vorhandene Anschlagmöglichkeiten (Stahlträger, Rohre) können auch Bandschlingen und Seile verwendet werden. Bandschlingen gibt es in unterschiedlichen Längen von 0,3 m bis 2 m und mehr. Scharfe Kanten, Grate und Abquetschungen beeinträchtigen die Festigkeit von Bandschlingen. In solchen Fällen ist ein Kantenschutz erforderlich. Auch auf die Anschlagart ist zu achten, da sie Einfluss auf die Tragkraft hat. Die Position des Anschlagpunktes ist so zu wählen, dass die Anschlaghilfe den möglichen Fallweg nicht unnötig verlängert!

Abbildung 3.4: [4]

3.1 Anschlageinrichtung

3.1.3 Arten von Anschlagverbindungen

Ringverankerung

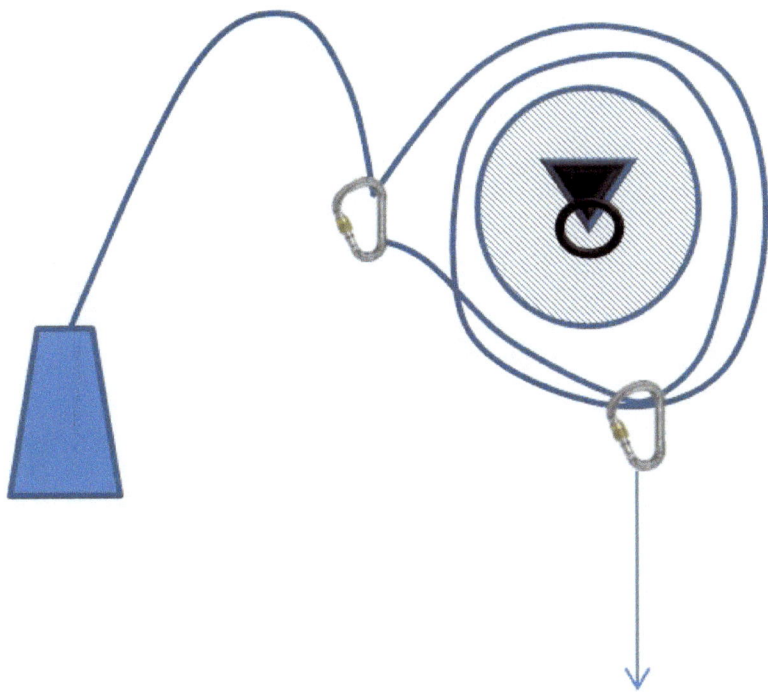

Abbildung 3.5: [3]

Ausgleichsverankerung
Der Vorteil dieser Anschlagmethode liegt in der ausgleichenden Wirkung, d.h. die Last wird auf zwei Anschlagpunkte gleichmäßig verteilt.

3 Sicherungskette

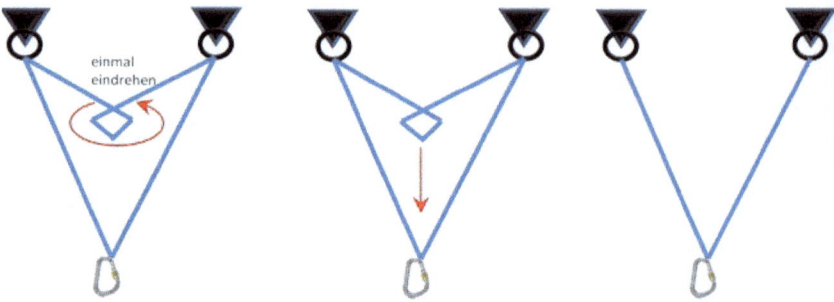

Abbildung 3.6: [3]

abgebundene Ausgleichsverankerung

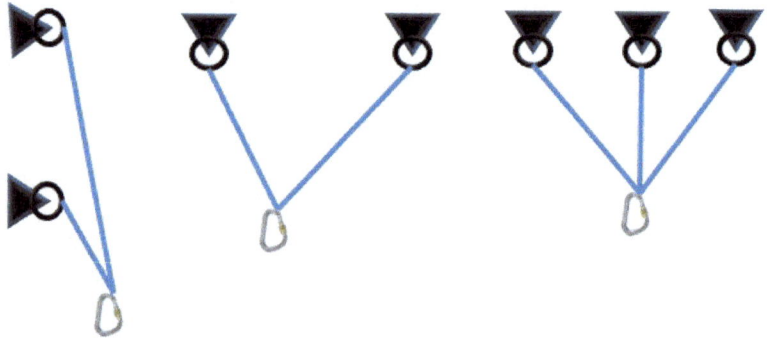

Abbildung 3.7: [3]

3.1 Anschlageinrichtung

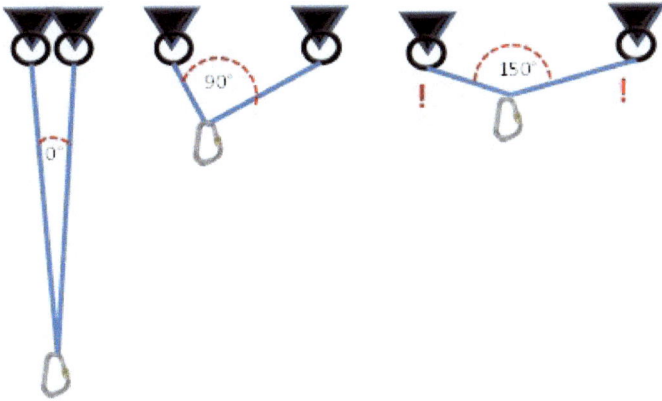

Abbildung 1 [4]

Belastungen in den einzelnen
Strängen, je nach Winkel.
0 Grad 50 %
30 Grad 52 %
60 Grad 57%
90 Grad 71%
120 Grad 100%
150 Grad 193%!!!

3 Sicherungskette

Spinnenverankerung

Vorteile dieser Art der Zusammenlegung von Anschlagpunkte:
- Lastverteilung
- Nicht ausgleichend
- Kann asymmetrisch aufgebaut werden
- Kein Ausgleichsimpuls beim Versagen eines Strangs

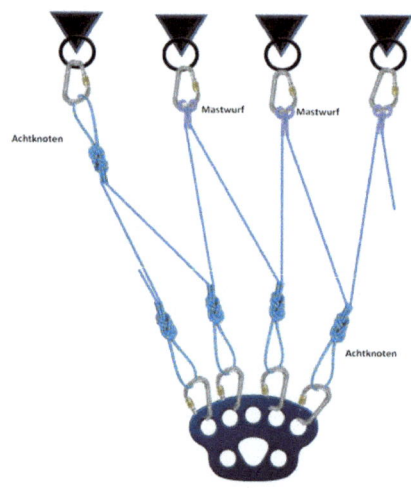

Abbildung 3.8: [3]

3.1 Anschlageinrichtung

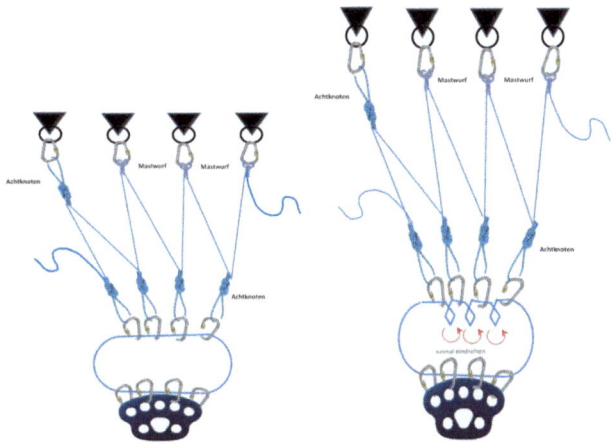

Abbildung 3.9: **Ausgleichende Spinnenverankerung** [3]

Bulke-Knot

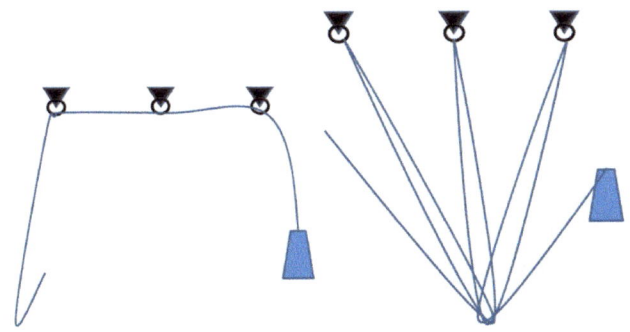

Abbildung 3.10: Die Enden mit einem Achtknoten verbinden [3]

3 Sicherungskette

Anschlagen an Bäumen

Es ist darauf zu achten immer unten an einem Baum anzuschlagen. Es könnten sehr große Hebelkräfte auftreten und den Baum zum Umkippen bringen. Sollte es nicht anders möglich sein unten an einem Baum anzuschlagen, ist darauf zu achten den Baum „nach hinten" abzuspannen.

Abbildung 3.11: [3]

Türanker

mind. 30cm seitlicher Überstand
Holzbalken mind. 12cm x 12cm

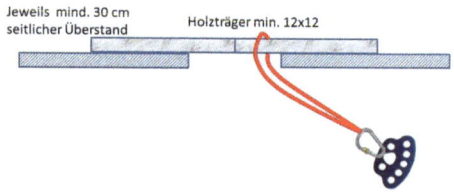

Abbildung 3.12: [3]

Behelfsklettersysteme

Behelfsklettersysteme werden Angewendet wenn der eigentliche Anschlagpunkt nicht erreichbar ist. Hierfür wird ein Seil evtl. mit einem Kantenschutz versehen und mit einem Gewicht (z.B. einem Affenfaust-Knoten) über einen geeigneten Anschlagpunkt geworfen. Das erfordert etwas Übung. Anschließend wird in das Seil ein Butterfly-Knoten mit dem gegenüberliegenden Seil verbunden (siehe Bilder).

3 Sicherungskette

**Achtung- Es ist darauf zu achten das an dem Seil in dem Butterflyknoten ist, keine Last gehangen wird – Absturzgefahr!
Sicherheitsseil nicht vergessen!**

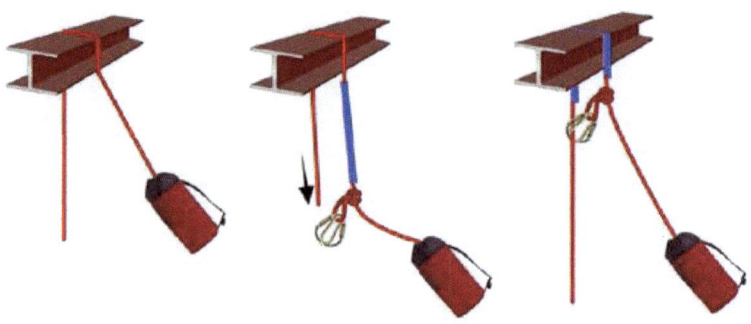

Abbildung 3.13: [5]

3.2 Verbindungselement

Anlegen einer Anschlagschlinge mit einem Hilfsseil

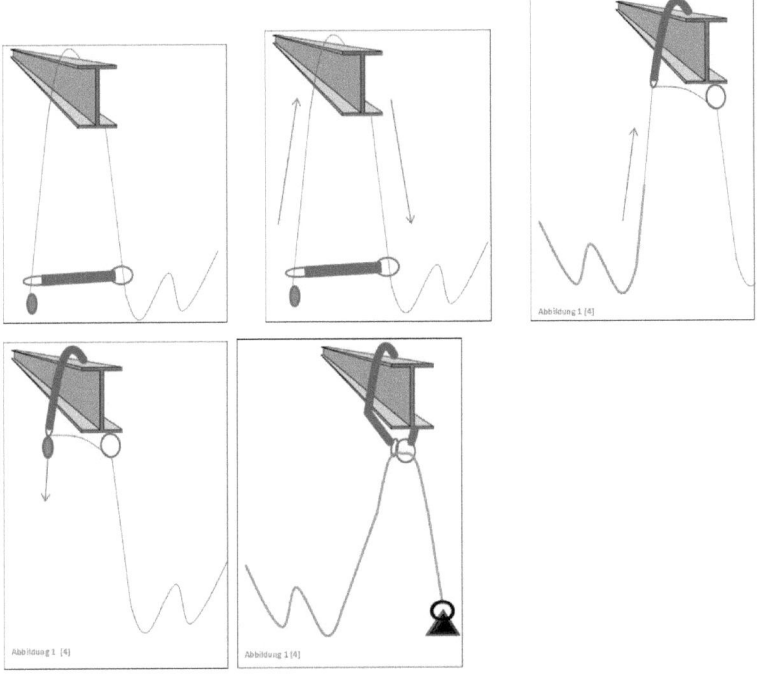

Abbildung 3.14: [3]

3.2 Verbindungselement

[4] Verbindungselemente (Karabinerhaken) finden sich in jedem Auffangsystem. Mit ihrer Hilfe werden Bestandteile miteinander und das jeweilige System mit einer Anschlageinrichtung verbunden. Karabinerhaken müssen grundsätzlich

3 Sicherungskette

- selbstschließend und selbst verriegelnd oder
- selbstschließend und manuell verriegelbar

sein. Karabinerhaken der Klasse Q, die nicht selbstschließend sind, dürfen nur mit mindestens zwei aufeinander folgenden, unabhängigen Handbewegungen zu öffnen sein. Sie sind nur für dauerhafte Verbindungen geeignet. Auch Anschlagverbindungselemente zählen zu den Verbindungsmitteln, wenn sie nach DIN EN 354 geprüft sind. Zu den Anschlagverbindungsmitteln gehören zum Beispiel:

- Rohrhaken
- Klapphaken mit Teleskopstange
- Karabinerhaken mit großer Maulöffnung

Auswahlkriterien:

- Selbstschließende und selbstverriegelnde Karabinerhaken, wenn die Verbindung häufig geöffnet und geschlossen wird.
- Manuelle Verriegelung, wenn das Verbindungsmittel nur gelegentlich geöffnet/geschlossen wird.
- Generell Einhandbetätigung
- Bedienbarkeit mit Schutz- bzw. Arbeitshandschuhen
- Geringes Gewicht
- Ausreichende Öffnungsweite des Verschlusses im Hinblick auf den Anschlagpunkt
- Geeignete Form des Verbindungsmittels für den Verwendungszweck

3.2 Verbindungselement

- Ausreichendes Spiel der beweglichen Teile. Damit sich kein Schmutz festsetzt und somit die Verschlusssicherung blockiert

- Keine scharfen Kanten, die Seile oder Bänder beschädigen oder den Benutzer verletzen können.

Verbindungselemente werden nach Klassen unterteilt (DIN EN 362 Persönliche Schutzausrüstung gegen Absturz – Verbindungselemente), die auch Aussagen über die statische Belastbarkeit ermöglichen. Für besonders starke Beanspruchungen sollten Stahlkarabiner eingesetzt werden.

3.2.1 Form und Verwendungszweck

[4] Karabiner werden in verschiedenen Formen angeboten. Zum Beispiel:

- Oval symmetrisch

- Asymmetrische D-Form

- Birnenform

3 Sicherungskette

Die oval symmetrische Form eignet sich insbesondere zur Positionierung von Ausrüstungsteilen wie mitlaufenden Auffanggeräten.

Abbildung 3.15: [4]

Die asymmetrische D-Form erleichtert das Einhängen und stabilisiert die Position des eingehängten Teils.

Abbildung 3.16: [4]

Die Birnenform ermöglicht eine weite Schnapperöffnung und eignet sich besonders zum Verbinden von mehreren Elementen.

Abbildung 3.17: [4]

3.2 Verbindungselement

3 Sicherungskette

3.2.2 Ausführung von Verbindungselementen

Abbildung 1 [5]

Karabinerhaken nur für dauerhafte Verbindungen

(Klasse Q nach 362)

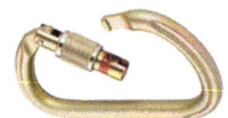

Abbildung 2 [5]

Stahlkarabinerhaken

Abbildung 3 [5]

Wirbelkarabinerhaken mit ausgelöstem Absturzindikator

Abbildung 4 [5]

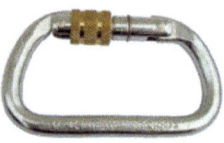

Abbildung 1 [5]

Schraubkarabiner

Abbildung 2 [5]

2-Wegeverschluss

Abbildung 3 [5]

3-Wegeverschluss

Abbildung 4 [5]

4-Wegeverschluss

Abbildung 3.18: [4]

3.2 Verbindungselement

Beispiele für Verschlussmöglichkeiten bei Karabinern

Schraube

 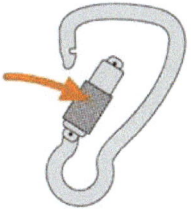

Verschluss nach unten drehen ... ... und nach innen drücken.

Twist Lock Verschluss

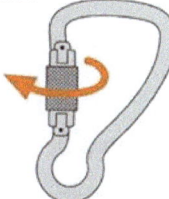 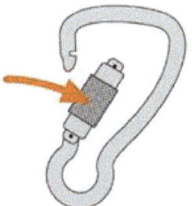

Verschluss drehen ... ... und nach innen drücken.

Express Verschluss

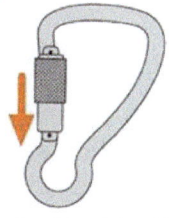 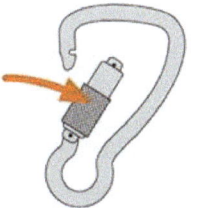

Verschluss nach unten schieben ... ... und nach innen drücken.

Abbildung 3.19: [4]

39

3 Sicherungskette

3.3 Seile

Bis in die 1960er Jahre waren die Bergsteiger auf Seile aus Hanffasern angewiesen. Seilrisse waren nicht selten und führten zu zahlreichen tödlichen Unfällen. Seile aus Kunstseide, die annähernd die Seilnormen heutiger Bergseile erfüllten, waren sehr teuer und fanden wenig Verbreitung.

Moderne Kletterseile bestehen aus dem Kunststoff Polyamid und weisen meist eine Kernmantelkonstruktion auf: Ein Kern aus verflochtenen Fasern wird von einem Mantel umgeben, der ihn vor Beschädigung schützt. Der Kern trägt die Hauptlast (Ausnahme: Baumkletterseile).

Kletterseile werden nach ihrer Gebrauchsdehnung unterschieden in dynamische Seile (Dehnung um 8 Prozent) und halbstatische Seile (Dehnung zwischen 2 und 5 Prozent). Die Mindestfestigkeitswerte der heute in Deutschland erhältlichen Kletterseile sind nach Festlegungen der UIAA genormt. Außerdem müssen Kletterseile als Bestandteil der persönlichen Schutzausrüstung bestimmten europäischen Normen genügen und die CE-Kennzeichnung tragen, um verkauft werden zu dürfen. Kletterseile werden sowohl im Klettersport als auch von Bergrettungsdienst, Höhenrettung sowie von der Feuerwehr im Bereich der Absturzsicherung eingesetzt.

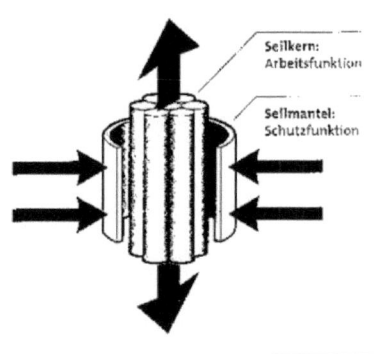

Abbildung 3.20: [6]

Vergleich Statik und Dynamikseil

	Statikseil	Dynamikseil
Norm	EN 1891	EN 892
Mechanische Eigenschaften	-Extreme Reißfestigkeit - Extreme Knotenfestigkeit - Minimale Dehnungswerte	-sehr hohes Energieaufnahmevermögen -Geringe Knotenfestigkeit -Größere Dehnungswerte -Sehr große Flexibilität -Minimale Spitzenauffangkräfte
Anwendungsbereiche	-Arbeitsseil zum aktiven und passiven Abseilen von Lasten und Personen -Schrägseil	-Sicherungsseil bei Fremdsicherung **Achtung** nicht in Verbindung mit einem Mitlaufendem Sicherungsgerät verwenden!

Tabelle 3.1: [6]

3.4 Knoten

[7] Voraussetzung für den Einsatz in der Höhenrettung ist das Beherrschen der notwendigen Knoten. Sie müssen in jeder Situation, auch unter erschwerten Einsatzbedingungen sicher und zweifelsfrei beherrscht werden!

Aus der Vielzahl möglicher Knoten wurden solche ausgewählt, die sich für die spezielle Rettung aus Höhen und Tiefen besonders eignen. Knoten können gesteckt oder gelegt werden. Beim Legen werden beide Seilstränge parallel geführt, beim Stecken wird der einfach vorbereite Knoten mit dem freien Ende nach-

3 Sicherungskette

geführt.
Bei der Verwendung von Knoten ist grundsätzlich folgendes zu beachten:

- Knoten mindern die Festigkeit von Seilen
- Jeder Knoten ist nach der Herstellung von Hand festzuziehen
- Damit Knoten sich unter Last nicht öffnen können, muss das freie Seilende mindestens das 10-fache des Seildurchmessers betragen.
- Jeder Knoten ist abzusichern
- Der Seilverlauf im Knoten muss sauber und übersichtlich sein

Auf den nun folgenden Seiten sind die wichtigsten Knoten genauer erläutert:

3.4 Knoten

3.4.1 Sackstich

Verwendung:

- Befestigung am Karabiner
- Befestigung am Gurt

Gruppe:

- Befestigsknoten
- Anseilknoten

Material:

- Dynamikseil, Statikseil
- Reepschnur
- Bandmaterial (z.B. beim abgebunden Kräftedreieck)

Achtung:

- Der Knoten muss sauber gelegt werden!
- Vermeide, dass sich die Seile beim einknoten überkreuzen
- Knoten muss gesichert werden

Abbildung 3.21: [7]

3.4.2 Doppelter Sackstich

Verwendung:

- Zum verbinden von zwei Seilen gleichen oder unterschiedlichen Durchmessers

Gruppe:

- Verbindungsknoten

Material:

- Dynamikseil, Statikseil
- Reepschnur

Achtung:

- Der Knoten muss sauber gelegt werden!
- Vermeide, dass sich die Seile beim einknoten überkreuzen

Merke:

- Der Knoten läuft beim Ablassen gut über Kanten
- Nach Belastung wieder leicht lösbar
- Hohe Festigkeit bei unterschiedlichen Seilstärken
- Knoten ist aufgrund der doppelten Ausführung bereits gesichert

Abbildung 3.22: [7]

3.4 Knoten

3.4.3 Achtknoten

Verwendung:

- Befestigung am Karabiner
- Befestigung am Gurt
- Verbindung von 2 Seilen gleichen Durchmesser

Gruppe:

- Befestigungsknoten, Verbindungsknoten
- Anseilknoten

Material:

- Dynamikseil, Statikseil

Achtung:

- Der Knoten muss sauber gelegt werden!
- Vermeide, dass sich die Seile beim einknoten überkreuzen
- Knoten muss gesichert werden

Merke:

- Schwieriger Herzustellen als Sackstich
- Vorteil, lässt sich nach großer Belastung leichter öffnen als Sackstich

Abbildung 3.23: [7]

3 Sicherungskette

3.4.4 Achtknoten mit doppelter Schlaufe

Verwendung:

- Befestigung am Karabiner
- Befestigung am Gurt bei Passiver Rettung
- Aufbau von Verankerungen

Gruppe:

- Befestigungsknoten

Material:

- Dynamikseil, Statikseil

Achtung:

- Schlaufenlänge nach Bedarf unbedingt Festziehen

Merke:

- Vorteilhaft bei der Rettung, da weniger Materialaufwand
- Schlaufengrößen sind verstellbar
- Reduziert die Reißfestigkeit geringer als beim herkömmlichen Achtknoten

Abbildung 3.24: [7]

3.4 Knoten

3.4.5 Mastwurf

Verwendung:

- Befestigung am Karabiner
- Befestigung an Anschlagpunkten
- Aufbau von Verankerungen

Gruppe:

- Befestigungsknoten

Material:

- Dynamikseil, Statikseil

Achtung:

- Freies Seilende unbedingt mit Sicherungsknoten versehen

Merke:

- Vorteilhaft, einfache und schnelle Herstellung
- bei großen Umlenkungen leicht zu lösen
- kann leicht nachreguliert werden
- Erlaubt Längsanpassung ohne Knoten dabei zu lösen

Abbildung 3.25: [7]

3.4.6 Halbmastwurf (HMS)

Verwendung:

- HMS-Sicherung
- Bremsknoten für Dynamische Sicherung
- Bremsknoten zum Ablassen

Gruppe:

- Bremsknoten

Material:

- Dynamikseil, Statikseil
- HMS-Karabiner (zu empfehlen mit TriLock-Verschluß)

Achtung:

- Das Lastseil muss immer längs der Hauptachse liegen
- Das Bremsseil immer mit den Händen umschließen!
- Durchlaufsicherung (z.B. Kurzprusik) am einlaufenden Seil erforderlich!
- Festgelegt wird der HMS mittels Schleifknoten

Merke:

- Nachteilig ist die starke Krangelbildungen und dadurch ein erhöhter Seilverschleiß

Abbildung 3.26: [7]

3.4.7 Schleifknoten

Verwendung:

- festlegen des Seiles an der HMS-Sicherung
- festlegen des Seiles an Sicherungs- bzw. Abseilgeräten

Gruppe:

- Befestigungsknoten zur Absicherung von HMS und Geräten

Material:

- Dynamikseil, Statikseil
- HMS- bzw. Sicherungs- oder Abseilgerät

Achtung:

- Schleifknoten immer Absichern um ein unbeabsichtigtes Lösen des Knotens zu vermeiden

Merke:

- Beim Lösen des Schleifknotens das lose Seil langsam öffnen und die Verdrehungen lösen!
- Danach den Knoten lösen und das Bremsseil dabei mit den Händen umschließen!

Abbildung 3.27: [7]

3 Sicherungskette

3.4.8 Prusikknoten

Verwendung:
- Klemmknoten als Rücklaufsperre am Flaschenzug
- als Durchlaufsicherung
- Selbstsicherung beim Abseilen
- Aufsteigen im Seil
- Schaffen von Festpunkten auf dem Seil

Gruppe:
- Klemmknoten

Material:
- Dynamikseil, Statikseil
- Reepschnur (6-8mm)

Achtung:
- dieser Knoten blockiert in beide Richtungen
- die Anzahl der Umschlingungen ist Abhängig vom Durchmesser der Reepschnur
- der Knoten muss sauber an das Seil gelegt werden, sonst besteht Durchrutschgefahr!

Merke:
- Leicht anzulegen und leicht zu lösen
- ist schonender für das Seil als Seilklemmen

Abbildung 3.28: [7]

3.4 Knoten

3.4.9 Spierenstich doppelt

Verwendung:

- zum verbinden von zwei Seilen des gleichen oder unterschiedlichen Durchmessers

Gruppe:

- Verbindungsknoten

Material:

- Dynamikseil, Statikseil
- Reepschnur

Achtung:

- den Knoten so verbinden, dass die Innenseiten bündig anschlagen
- vor der Benutzung unbedingt auf Belastung testen!

Merke:

- Knoten ist aufgrund der doppelten Ausführung bereits gesichert

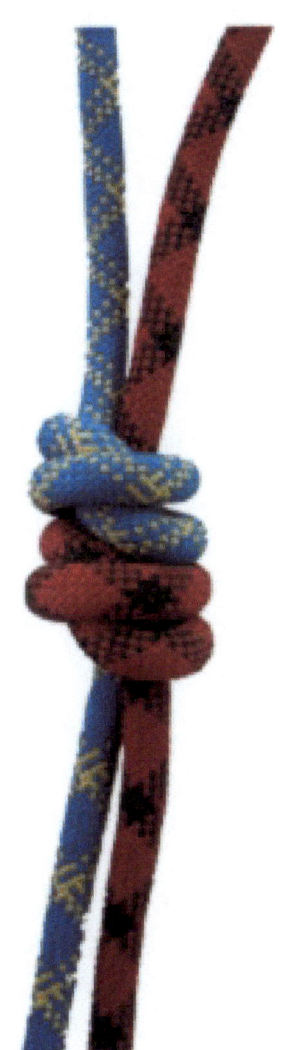

Abbildung 3.29: [7]

3 Sicherungskette

3.4.10 Spierenstich / Kreuzschlag

Verwendung:

- zum Absichern von Knoten

Gruppe:

- Absicherungsknoten

Material:

- Dynamikseil, Statikseil
- Reepschnur

Achtung:

- das auslaufende Ende es Sicherungsknotens muss parallel zum Seil verlaufen
- der Sicherungsknoten muss unmittelbar hinter den zu sichernden Knoten gebunden werden!

Merke:

- min. das 10-fache des Seildurchmessers als freies Ende lassen

Abbildung 3.30: [7]

3.5 Abseilgeräte, Seibremsen

cite6

3.5.1 Abseilgeräte

Sind in der DIN EN 341 definiert. Mit Hilfe eines Abseilgerätes kann sich eine Person von einem höhergelegenen zu einem tiefergelegenen Ort entweder selbst oder mit Hilfe einer zweiten Person abseilen. Es gibt auch Abseilgeräte mit Rettungshubfunktion, um beispielsweise die zu rettende Person vom Auffangsystem zu lösen. Abseilgeräte nutzen den Vorteil der Schwerkraft für die Rettung. Die Abseilgeschwindigkeit wird durch die aufgebrachten Reibungskräfte gesteuert.
Einsatzbereiche für Abseilgeräte:

- Rettung nach einem aufgefangenen Sturz
- Rettung von Fahrgästen aus Seilbahnfahrzeugen
- Krananlagen oder Flurförderzeuge, die nicht über Notabstiege verfügen
- Bohrtürme
- Arbeiten auf Hochspannungsmasten
- Rettung im Brandfall
- Fernmeldetürme
- Windkraftanlagen

Die Anforderungen, die an Abseilgeräte gestellt werden, sind sehr unterschiedlich. Bei der Rettung aus einer Seilbahnkabine müssen möglicherweise 100 Menschen über 100 Meter abgeseilt

3 Sicherungskette

werden. Bei der Rettung einer abgestürzten Person beträgt der Rettungsweg möglicherweise nur wenige Meter.
Deshalb werden Abseilgeräte nach der Abseilarbeit in verschiedene Klassen eingeteilt.
Diese Klassen sind bestimmend für die Auswahl.

- **Klasse A:** Abseilarbeit W bis $7{,}5 \times 10^6$ J,
- **Klasse B:** Abseilarbeit W bis $1{,}5 \times 10^6$ J,
- **Klasse C:** Abseilarbeit W bis $0{,}5 \times 10^6$ J,
- **Klasse D:** Abseilarbeit W is $0{,}02 \times 10^6$ J, jedoch nur für einen einzigen Abseilvorgang bei einer Abseilhöhe bis 20m.

Die Abseilarbeit W [J] ist das Produkt aus Abseilhöhe (h), Masse der abzuseilenden Person (m), Erdbeschleunigung (g = 9,81 m/s2) und Anzahl der Abseilvorgänge (n).
Formel: $W = h * m * g * n$
Beispiel: Abseilhöhe 90m, Masse der Person 80kg, $g = 9{,}81 \frac{m}{s}$, 100 Abseilvorgänge

$$W = h * m * g * n$$
$$W = 80m * 80kg * 9{,}81 \frac{m}{s} * 100$$
$$W = 6{,}2 * 10^6 J \rightarrow Klasse\ A$$

Abseilgeräte können mit Seilreibungsbremsen, Fliehkraftbremsen oder hydrostatischen Bremsen ausgestattet sein. Bei Seilreibungsbremsen ist die Abseilgeschwindigkeit beeinflussbar. Die Auswahl des Abseilgerätes richtet sich nach dem eingesetzten persönlichen Absturzschutzsystem. Im Gegensatz zu Seilbremsen muss bei Abseilgeräten eine „Panikfunktion" vorhanden

3.5 Abseilgeräte, Seibremsen

sein. Ebenfalls muss man das Abseilgerät arretieren können, ohne das Seil verknoten zu müssen. Sowohl bei der Höhenarbeit, als auch bei der Rettung wird der Zugang von oben bevorzugt, da hierbei die Schwerkraft genutzt werden kann. Abseilgeräte sind darauf ausgelegt, Reibungskräfte zu nutzen und auf diese Weise die Abseilgeschwindigkeit zu steuern. Außerdem können sie an bestimmten Punkten am Seil aufgesetzt werden, um sich zu positionieren. Bestimmte Abseilgeräte ermöglichen zudem das Sichern eines Vorstiegs.

Hier soll stellvertretend das Abseilgerät I'D der Firma Petzl genannt werden (es gibt natürlich auch Geräte der Firma Bornack, Skylotec u. a.).

3 Sicherungskette

Das I'D besteht aus eloxiertem Aluminium, rostfreiem Stahl und der Hebel aus Glasfaserverstärktem Kunststoff.

- es verfügt über eine „Anti- Panik" – Funktion, in dem es automatisch blockiert wenn man den Hebel zu weit zieht oder loslässt.

- Durch einfaches drehen des Hebels lässt sich das Gerät am Seil festlegen, um die Abseilfahrt an einem Standplatz zu Unterbrechen oder zur Arbeitsplatzpositionierung.

- Der Wiederaufstieg am Seil ist mit dem I'D zusammen mit einer Steigklemme und einer Trittschlinge jederzeit möglich.

- Es ist auch zum Sichern geeignet.

- Die Bremskraftregulierung erfolgt durch mehr oder weniger festes Halten des freien Seilendes bei gleichzeitigem lösen des Klemmmechanismus am Seil. Das Blockieren erfolgt durch einfaches Loslassen des Griffs.

Abbildung 3.31: [7]

3.5.2 Seilbremsen

sind z.B.: der Abseilachter, HMS mit HMS-Karabiner und der Radeberger Haken mit Sicherungsöse (RHS). Abseilgeräte haben keine „Panikfunktion" und ein „Festlegen" ist ohne Spezielle Technik nicht möglich.

Radeberger Haken mit Sicherungsöse → RHS
Der Radeberger Haken dient als Abseil- und Sicherungsgerät. Er darf nur in Verbindung mit einem Trag- und einem Sicherungsseil verwendet werden. Die max. Belastung in der praktischen Anwendung beträgt 250 kg bzw. 2 Personen. Der Radeberger Haken besteht aus einer Aluminiumlegierung. Er wird vor Auslieferung mit 10 kN vorbelastet und geröntgt. Jedes Gerät erhält ein Prüfzertifikat. Die Abfahrtsgeschwindigkeit sowie die erforderliche Haltekraft kann durch Veränderung der Anzahl der Umschlingungen an der Festlegeeinrichtung (Arretiernase) beeinflusst werden. Retter und die zu rettende Person hängen an dieser Seilbremse. Dabei wird der Retter nicht mit dem Gewicht der zu rettenden Person belastet. Er hat nur die eine Steuerfunktion. Der Radeberger Haken hat keine Totmannschaltung und ist deshalb, wenn nicht von oben gesichert wird, mit einer Durchlaufsperre zu kombinieren.

3 Sicherungskette

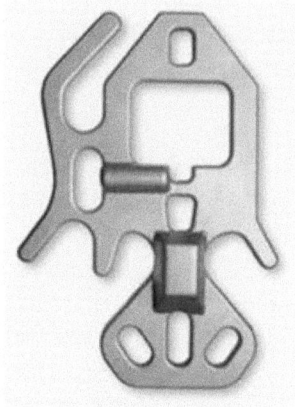

Abbildung 3.32: [7]

Material: Aluminiumlegierung, Neuartige Versionen sind aus Edelstahl gefertigt.
Statische Bruchlast (Aluminium): 24kN
Tragfähigkeit: max. 250kg → 2 Personen
Anwendung:

- Der RHS darf nur von Personen angewendet werden, die an diesem Gerät speziell ausgebildet wurden!
- als Seilbremse für Anwender der Ab- und Aufseiltechnik
- zur Rettung und Bergung von Personen aus Höhen und Tiefen

Der RHS ist nur in Verbindung mit einem Trage- und Sicherungsseil in Kernmantelkonstruktion anzuwenden!

3.6 Gurte

3.6.1 Sitzgurte (DIN EN 813)

bestehen aus einem Hüftgurt mit einer Befestigungsöse, die sich an der Mitte der Sitzgurtvorderseite befindet. Der Sitzgurt muss über eine Rückenstütze verfügen, die den Körper stützt. Der Hüftgurt ist mit Haltevorrichtungen um jedes Bein verbunden. Der Sitzgurt ist so konzipiert, dass der Körper (einer nicht bewusstlosen Person) in sitzender Position gehalten wird. Der Sitzgurt darf bei den auszuführenden Arbeiten nicht übermäßig unbequem sein. Sitzgurte dürfen mit Schultergurten ausgestattet und/oder in ein Kleidungsstück eingearbeitet sein. Sitzgurte können auch Bestandteil eines Auffanggurtes sein. Für die Praxis empfiehlt sich ein Auffanggurt mit fest integriertem Sitzgurt. Sitzgurte können in Systemen für Seil unterstützten Zugang und in Rettungssystemen eingesetzt werden. Wenn sie über seitliche Befestigungsösen verfügen, sind sie auch für Rückhalte- und Arbeitsplatzpositionierungssysteme geeignet.

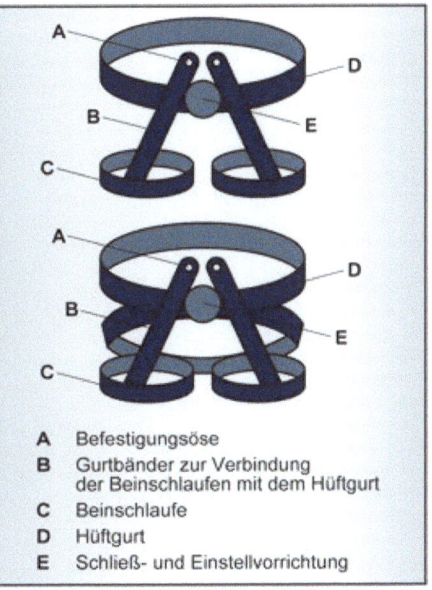

A Befestigungsöse
B Gurtbänder zur Verbindung der Beinschlaufen mit dem Hüftgurt
C Beinschlaufe
D Hüftgurt
E Schließ- und Einstellvorrichtung

Abbildung 3.33: [7]

3 Sicherungskette

Abbildung 3.34: Sitzgurt ohne Schultergurt[7]

Abbildung 3.35: Sitzgurt mit Schultergurt[7]

3.6.2 Auffanggurte

Der Auffanggurt ist Bestandteil von jedem Auffangsystem. Er besteht aus Gurtbändern, die den Körper umschließen. Bei bestimmungsgemäßer Benutzung fängt der Auffanggurt die ab-

3.6 Gurte

stürzende Person auf, überträgt die auftretenden Kräfte auf geeignete Körperteile und hält den Körper in einer aufrechten Lage. Der Auffanggurt muss der individuellen Körperform angepasst werden. Er ist richtig angelegt, wenn die flache Hand bis zu den Knöcheln noch zwischen Gurt und Körper passt. Am besten zeigt sich der richtige Sitz beim Hängeversuch. Mitarbeiter, die regelmäßig persönliche Schutzausrüstungen gegen Absturz tragen, sollten mit einem persönlichen Auffanggurt ausgestattet werden.
Unterschieden werden Auffanggurte nach der Anzahl der Anschlagösen.
1-Punktgurte haben eine Auffangöse vorn oder hinten.
2-Punktgurte haben eine Auffangöse vorn und hinten.
3-Punktgurte haben eine Auffangöse vorn oder hinten und 2 seitliche Halteösen.
Die beiden Halteösen haben keine Auffangfunktion. Sie werden in Rückhalte- oder Arbeitsplatzpositionierungssystemen genutzt. Sie können optional auch als Sitzgurt eingesetzt werden.
  4-Punktgurte haben eine Auffangöse vorn oder hinten, 2 seitliche Halteösen und eine Steigschutzöse.
  5-Punktgurte haben eine Auffangöse vorn und hinten, 2 Halteösen und eine Steigschutzöse. Bei allen Auffanggurten sind Brust-, Schulter – und Beingurte verstellbar. Die Rückenplatte besteht aus Kunststoff. Rückenstütze und Beingurte sind in der Regel gepolstert.
Auffanggurte können auch als Haltegurt eingesetzt werden. Umgekehrt dürfen jedoch Haltegurte nicht in Auffangsystemen eingesetzt werden.

3 Sicherungskette

Abbildung 3.36: 1-Punkt Auffanggurt mit Auffangöse hinten[7]

Abbildung 3.37: 1-Punkt Auffanggurt mit Auffangöse hinten und Rettungsöse vorn[7]

3.6 Gurte

Abbildung 3.38: 2-Punkt Auffanggurt mit Auffangöse hinten und vorn[7]

Abbildung 3.39: Auffang-, Sitz- und Haltegurt; Verwendung in der Auf- und Abseiltechnik[7]

3.6.3 Auswahlkriterien für Gurte

[4]
Das einfache Anlegen des Gurtes
Der Gurt sollte so einfach wie möglich anzulegen sein. Unterschiedlich gefärbte Schulter- und Beinschlaufen sind dazu hilf-

3 Sicherungskette

reich. Mit Hilfe eines Steckverschlusses kann der Gurt, ohne Aus- und Einfädeln von Bändern, schnell und einfach an den jeweiligen Benutzer angepasst werden. Der Gurt ist richtig angelegt, wenn die flache Hand noch zwischen Gurt und Körper passt.

Die Wahl der richtigen Auffangöse
Gurte, die eine vordere und hintere Auffangöse haben, können variabler eingesetzt werden im Gegensatz zu Auffanggurte, die nur über eine Auffangöse verfügen. Die hintere Auffangöse ist zu empfehlen, wenn sich der Anschlagpunkt oberhalb oder hinter dem Benutzer befindet. Wohingegen vordere Auffangösen zu empfehlen sind, wenn sich der Anschlagpunkt vor dem Benutzer befindet. Auffanggurte mit zwei Auffangösen können auch als Rettungsgurt verwendet werden.

Polsterung und Beschlagteile
Eine Polsterung im Schulter-, Becken- und Beinbereich erhöht den Tragekomfort und verhindert die punktgenaue Weiterleitung der Fangstoßkräfte beim Auffangen eines Sturzes. Bei großen Beschlagteilen besteht die Möglichkeit, dass sie den Tragekomfort mindern, weil sie beispielsweise auf Rippenbögen drücken.

Der Sitz der Beingurte
Beingurte können den Blutkreislauf nach einem Sturz erheblich beeinträchtigen. Es ist Empfehlenswert Auffanggurtezu nutzen, bei denen die Beingurte nach einem Sturz vom Benutzer wechselweise verschoben werden können. Dadurch kann die Blutzirkulation in den Beinen verbessert werden. Neuentwickelte, speziell geformte Beinpolster sind mit Aussparungen versehen. Sie schützen dadurch die Venen und erleichtern bei einem Hängen im Gurt die Blutzirkulation. Die Gefahr eines Hängetrau-

mas wird dadurch verringert.

Das Gewicht
Je leichter der Gurt desto geringer ist die Last für den Benutzer. Auf der anderen Seite kann ein geringes Gewicht auch auf eine Minimierung der Ausstattung (z.B. bei der Anzahl der Auffang- und Halteösen) zurückgehen

Der Einsatzbereich
Für bestimmte Einsatzbereiche wurden spezielle Auffanggurte entwickelt.
Solche Einsatzbereiche sind zum Beispiel:

- Einstieg in und Rettung aus Schächten
- Höhenrettung
- Offshore Einsätze
- Seilunterstützte Arbeit
- Sitzende und halbsitzende Tätigkeiten

3 Sicherungskette

4 Sicherungsmöglichkeiten gegen Absturz

Es gibt verschiedene Möglichkeiten zur Sicherung gegen Absturz. Bei allen Varianten muss der verwendete Anschlagpunkt eine Mindestfestigkeit von 7,5kN aufweisen und alle Geräte in dem Verwendeten System natürlich auch. Im System muss ein falldämpfendes Gerät verbaut sein welches die Sturzenergie die auf den Körper wirkt, auf unter 6kN begrenzt. Dieses Gerät muss in unmittelbarer Nähe des Körpers verwendet werden. Befindet sich die Person innerhalb des orangefarbenen Gefahrenbereich muss ein Rückhaltesystem verwendet werden, Abbildung 4.3. Im roten Gefahrenbereich muss ein Auffangsystem verwendet werden, Abbildung 4.2.

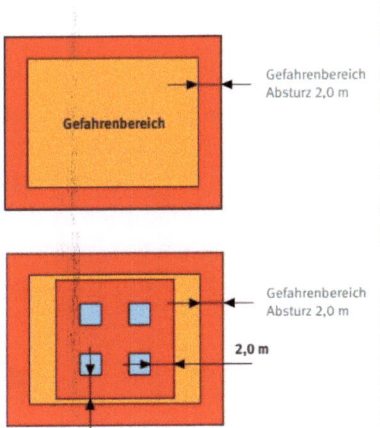

Abbildung 4.1: [5]   Abbildung 4.2: Abbildung 4.3: [5]

4 Sicherungsmöglichkeiten gegen Absturz

4.1 Einrichten eines Geländerseils

Um sich frei auf einem Absturzgefährdeten Bereich zu bewegen, haben sie die Möglichkeit sich ein so genanntes Geländerseil zu bauen. Hier ist zu Beachten, dass ca. alle 5m eine Zwischensicherung gelegt wird. Diese halten den Sturzraum so klein wie möglich.

Abbildung 4.4: [3]

Bitte Beachten sie, dass sich max. 1 Person je Segment und max. 2 Personen im gesamten Geländerseil befinden. Sind mehrere Personen zu sichern, sind evtl. Abschnitte mit eigenen Festpunkten zu bilden. Weiterhin dürfen keine Falldämpfer in das Geländer-Seil-System eingebaut werden. Lediglich die Absturzsicherung (Y-Schlinge) der Personen sind mit Falldämpfern auszustatten.

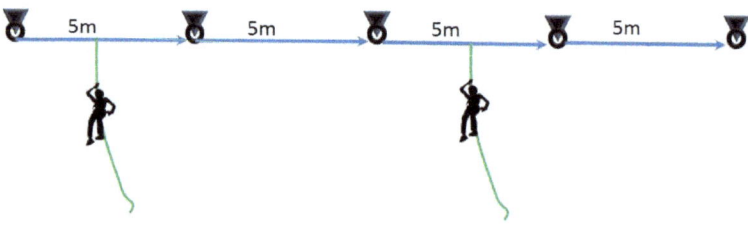

Abbildung 4.5: [3]

4.2 Sichern an der Absturzkante - Rückhaltesystem

Es gibt bereits fertige temporäre Systeme von einschlägigen Händlern zu Kaufen die sich sehr schnell aufbauen lassen und eine Strecke von 20m ohne Zwischensicherung überbrücken können.

4.2 Sichern an der Absturzkante - Rückhaltesystem

Bei der Sicherung an Absturzkanten wird ein freies Hängen im Seil zu jeder Zeit ausgeschlossen und dass der 2m Bereich bis zur Absturzkante niemals erreicht wird. Das ermöglicht es, einen Arbeitsbereich einzugrenzen und zu verhindern, dass der Arbeiter einen Bereich betritt, in dem Absturzgefahr besteht. Diese Systeme sind nicht zum Auffangen eines Sturzes bestimmt.

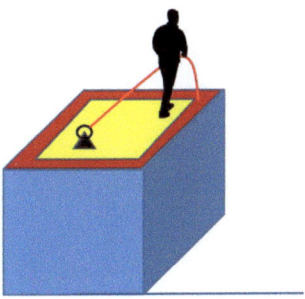

Abbildung 4.6: [3]

4 Sicherungsmöglichkeiten gegen Absturz

4.2.1 Vertikaler Vorstieg

4.3 Vertikaler Vorstieg

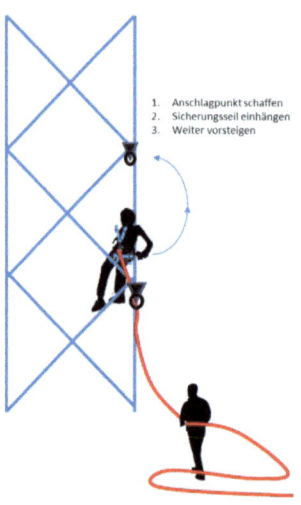

Abbildung 4.7: [3]

Beim vertikalen Vorstieg ist darauf zu achten, dass der Sturzfaktor und auch der Sturzraum so gering wie möglich gehalten wird. Es wird empfohlen die Zwischensicherung bis zu einer Höhe von 5m, jeden laufenden Meter zu setzten. Ab einer Höhe von 5m kann die Zwischensicherung alle 2m bis 3m Entfernt zur vorherigen gesetzt werden. Die sichernde Person am Boden muss einen festen Stand haben. Es soll angestrebt werden das Sicherungsgerät (I'D, Abseilachter oder HMS) an einem Anschlagpunkt (7,5kN) zu befestigen.

4.4 Horizontaler Vorstieg

Beim horizontalem Vorstieg bewegt man sich am besten mit zwei veränderlichen Verbindungsmitteln auf einer horizontalen Ebene voran. Ein Verbindungsmittel wird so kurz wie möglich an den Anschlagpunkt 1 geführt und das zweite Verbindungsmittel wird, so weit wie erreichbar, an einem nächst geeigneten Anschlagpunkt 2 befestigt.

4.4 Horizontaler Vorstieg

Abbildung 4.8: [3]

Anschließend wird Verbindungsmittel 1 nachgelassen bis man senkrecht unter Verbindungsmittel 2 hängt. Die Pendelbewegung soll so gering wie möglich gehalten werden.

4 Sicherungsmöglichkeiten gegen Absturz

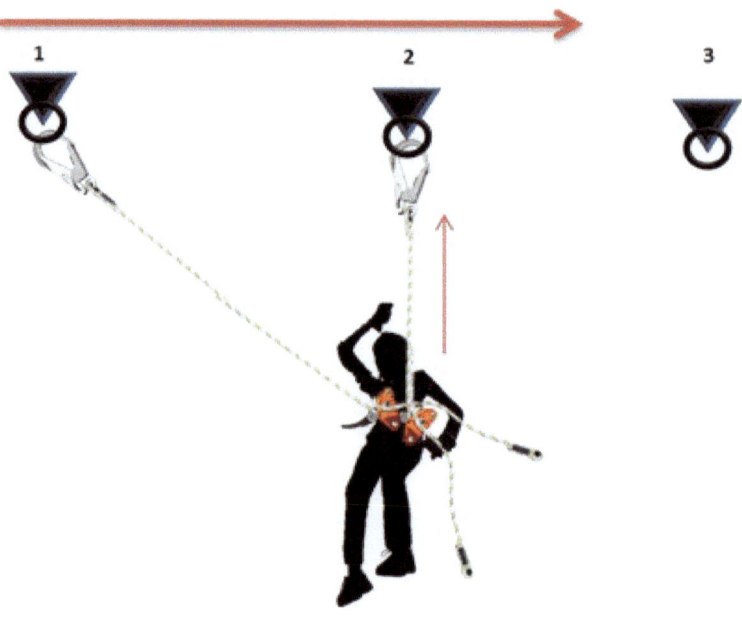

Abbildung 4.9: [3]

Nachfolgend wird am Verbindungsmittel 2 aufgestiegen und Verbindungsmittel 1 an einem geeigneten Anschlagpunkt 3 befestigt.

WICHTIG- Es muss auf eine unabhängige Sicherung geachtet werden, sobald ein Verbindungsmittel vom Anschlagpunkt gelöst wird **(Redundanz)!**

4.5 Steigen im Seil

4.5 Steigen im Seil

Bei dem steigen im Seil verwendet man verschiedene Steigtechniken. Hier möchte ich zwei verschiedene Varianten Vorstellen. Die Erste Methode eignet sich sehr gut, wenn man sehr hoch oder lange steigen möchte.
Steigen mit Bruststeigklemme:

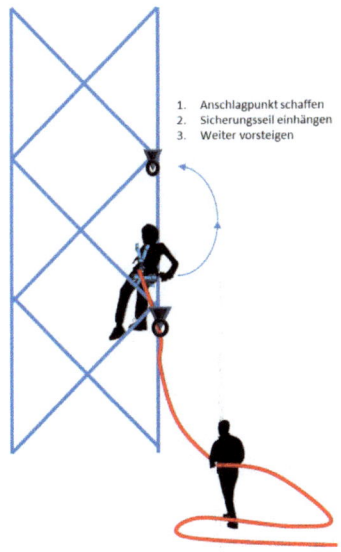

Abbildung 4.10: [3]

Zur Sicherung muss eine Verbindung (Bandschlinge o.ä.) von Steigklemme und Auffangöse des Gurtes sichergestellt werden, somit kann ein Absturz durch versehentliches aushängen der Bruststeigklemme verhindert werden.

4 Sicherungsmöglichkeiten gegen Absturz

Vorteil: Kraftsparende Methode um schnell sehr hoch zu klettern
Nachteil: keine Möglichkeit des Abseilens, Abseilgerät muss erst eingebaut werden.

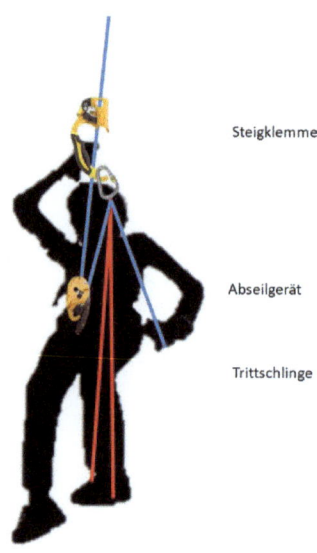

Abbildung 4.11: [3]

Alternativ kann bei der in Abbildung 4.11 gezeigten Methode die Trittschlinge entfallen. Man legt dann das Seil in eine Trittsteigklemme am Fuß ein und umfasst mit beiden Händen die Steigklemme. Diese Technik kann auch zur Positionierung an einer Trage verwendet werden.
Vorteil: Schneller Aufstieg möglich; Abseilgerät ist schon eingebunden; ideal zur Arbeitsplatzpositionierung
Nachteil: beim Steigen von Großen höhen sehr Kraftaufwendig

5 Rettungstechniken

Die hier zur Anwendung kommenden Rettungstechniken sind Standard Rettungstechniken und können von Einsatzart zu Einsatzart unterschiedlich sein. Diese Standarttechniken müssen von jedem Höhenretter beherrscht und zu jeder Zeit selbstständig angewandt werden können.

5.1 Windenergieanlagen

[8]
Eine Windkraftanlage (WKA, in der Fachliteratur auch Windenergieanlage, WEA) erntet mit ihrem Rotor die Energie des Windes, wandelt sie in elektrische Energie um und speist sie in das Stromnetz ein. Verwendet werden auch die Bezeichnungen Windkraftwerk, manchmal auch Windkraftkonverter (WKK), in der Umgangssprache Windrad oder Windmühle.

5 Rettungstechniken

5.1.1 Afbau von Windenergieanlagen
[8]

Eine Windkraftanlage besteht im Wesentlichen aus einem Rotor mit Nabe und Rotorblättern sowie einer Maschinengondel, die den Generator und häufig ein Getriebe beherbergt. Es gibt auch getriebelose Anlagen. Die Gondel ist drehbar auf einem Turm gelagert, dessen Fundament die notwendige Standsicherheit gibt. Dazu kommen die Überwachungs-, Regel- und Steuerungssysteme sowie die Netzanschlusstechnik in der Maschinengondel und im Fuß oder außerhalb des Turmes.

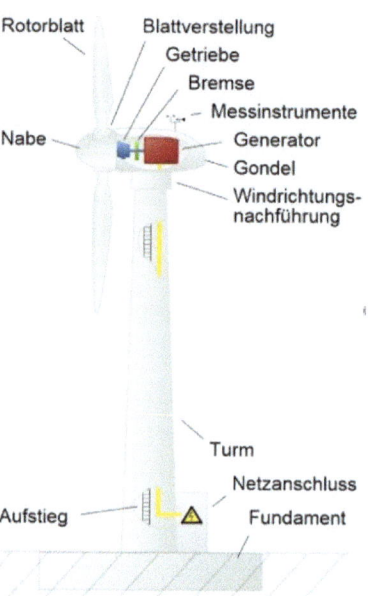

Abbildung 5.1: [9]

5.1 Windenergieanlagen

Abbildung 5.2: Leiter mit Blick in den Turm der WEA [8]

5 Rettungstechniken

Aufbau einer Gondel- getriebelos

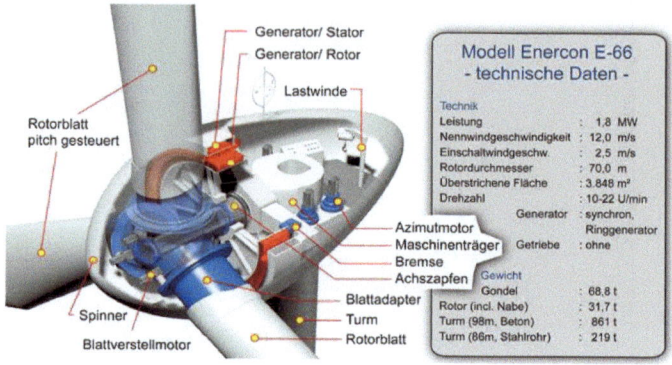

Abbildung 5.3: [8]

Aufbau einer Gondel mit Getriebe

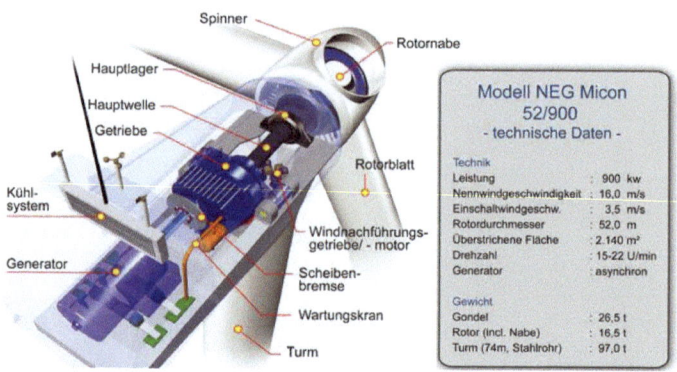

Abbildung 5.4: [10]

5.1 Windenergieanlagen

Turmvarianten
Der Turm ist zeitweise hohen Belastungen ausgesetzt, denen er unter allen Betriebsbedingungen sicher widerstehen muss. Größer als das Gewicht von Rotor und Maschinengondel, deren Masse von zusammen bis zu mehreren hundert Tonnen in Verbindung mit Schwingungen an Bedeutung gewinnt, ist in Böen die Windlast, die als überwiegend horizontale Last insbesondere am Turmfuß hohe Biegemomente bewirkt. Je höher der Turm – entscheidender Faktor für den Ertrag der Anlage –, desto breiter der Turmfuß. Die Turmkonstruktion berücksichtigt den Transport zur Baustelle, die Errichtung und möglichst auch den Rückbau; die Berechnung der Türme erfolgt für die vorgesehene Lebensdauer der Anlage. Vorhandene Türme können daher nach Ablauf dieser Lebensdauer in der Regel nicht weiter als Träger für modernere Anlagengenerationen genutzt werden. Mit der Zustandsmessung z. B. zwanzig Jahre alter Türme gibt es kaum Erfahrungen: die heute 20 oder 25 Jahre alten Türme sind meist so niedrig, dass ein Abriss und Neubau (Repowering) attraktiver erscheint als das Aufrüsten eines alten Turmes mit einer neuen Gondel bzw. neuen Flügeln.

Bei kleinen Anlagen wurden zum Teil Türme mit Außenaufstieg, also einer Leiter außen am Turm, verwendet. Dies erlaubte eine schlankere Gestaltung der Türme, da dann das Innere nicht begehbar sein musste. Größere Anlagen werden, mit Ausnahme von Gittermasten, grundsätzlich innerhalb des Turmes bestiegen. Türme über 80 m Höhe haben im Inneren neben einer Leiter mit Steigsicherung oft einen Fahrkorb oder Aufzug, der den Aufstieg erleichtert.[60] Daneben gibt es häufig auch eine Materialwinde oder einen Bordkran zum Transport von Ersatzteilen.

5 Rettungstechniken

Während an Küstenstandorten schon relativ kleine Türme ausreichen, rechnet man im norddeutschen Binnenland mit etwa 0,7 % Mehrertrag pro Meter Höhe, wobei der Wert je nach Standort zwischen 0,5 und 1 % schwanken kann. Daher bieten die Hersteller verschiedene Turmhöhen und -varianten für die gleiche Rotorgröße an. Ein hoher Turm wird üblicherweise in einzelnen Teilen aufeinander gesetzt, da er nicht am Stück zur Baustelle zu transportieren ist. Die Einzelteile sind dabei so groß wie möglich. Das gilt sowohl für Türme aus Stahlröhren, für Stabwerke aus Stahl als auch für solche aus Holz. Denn Montagearbeiten am Boden oder gar im Werk sind schneller und sicherer als mit schwebenden Lasten. Je größer die Turmhöhe, desto unwirtschaftlicher wird der Einsatz mobiler Krane für das Errichten des Turmes und die Montage von Gondel und Rotor. Obendrehende Turmkrane mit Verankerungen zum wachsenden Turm wiegen weniger, sind über schmalere Zuwege zur Baustelle zu bringen und finden dort auf dem Fundament des Turmes Platz und Halt, ein Vorteil insbesondere in Waldgebieten.[8]

Stahlrohrtürme

Stahlrohrtürme sind die heutige Standardbauweise für Windkraftanlagentürme. Sie besitzen eine konische Form und bestehen meist aus zwei bis fünf Teilen, die mit Flanschverbindungen verschraubt werden. Mit ihnen können Nabenhöhen bis etwa maximal 120 m erreicht werden, wobei die Wandstärken 10 bis 50 Millimeter betragen. Nicht zu große Rohrstücke können im Werk gefertigt und über die Straße transportiert werden. Aufgrund großer Transportprobleme bei Turmdurchmessern über 4,5 m müssen die unteren Stücke hoher Stahlrohrtürme vor Ort aus zwei oder drei Segmenten zusammengeschweißt oder -geschraubt werden.[8]

Abbildung 5.5: [9]

Hybridtürme

Es werden zunehmend Hybridtürme eingesetzt, deren unterer Teil aus Beton besteht, wobei sowohl Ort-Beton eingesetzt werden kann, oder, was die übliche Bauweise darstellt, Fertigteilen, die vor Ort preiswert und schnell zu Ringen verbunden werden können. Im Binnenland, wo hohe Türme nötig sind, stellen Hybridtürme die Standardturmvariante dar, da dort weder reine Stahl- noch reine Betontürme wirtschaftliche Alternativen sind. Die Betonringe, die je nach Position im Turm aus ein bis drei

5 Rettungstechniken

Kreissegmenten zusammengesetzt und jeweils knapp vier Meter hoch sind, werden bis zum Übergang zum Stahlteil übereinandergeschichtet, wobei sich der Turm mit zunehmender Höhe verjüngt. In jedem Fall ist ein Betonturm mit Spanngliedern vorzuspannen. Diese können in Hüllrohren im Innern der Betonschale verlaufen oder auf der Innenseite der Wandung. Letzteres hat den Vorteil der Zugänglichkeit zwecks Kontrolle oder gar Austausch und erleichtert den Rückbau des Turmes.[9] Bei den Hybridtürmen leitet ein Zwischenstück die Zug- und Druckkräfte aus dem oberen Stahlabschnitt des Turmes an die Spannglieder bzw. an den Beton weiter.

5.1 Windenergieanlagen

Gittermasten
Eine weitere Turmvariante ist der Gittermast. Aufgrund seines geringen Materialbedarfs wurde er bei frühen dänischen Anlagen häufig verwendet. Der Vorteil ist ebenfalls die höhere Eigendämpfung als bei Stahlrohrtürmen. Allerdings ist die Fertigung durch schlechtere Möglichkeiten zur Automatisierung deutlich aufwändiger, wodurch der Lohnkostenanteil von Gittermasttürmen vergleichsweise hoch ist. Deswegen sind Gittermasttürme heute v.a. in Staaten mit niedrigen Lohnkosten verbreitet.[?] Auch die Verwendung abgespannter Masten ist möglich. In beiden Fällen ist die Gefährdung von Vögeln (Vogelschlag) gegeben.

Abbildung 5.6: [9]

Die Abbildung 5.6 Zeigt die Windkraftanlage Laasow auf 160m hohem Gittermast, von 2006 bis 2012 die höchste Windkraftanlage der Welt

Holztürme
Als vielversprechendes Konstruktionsmaterial der Zukunft gilt Holz. Das für diesen Zweck genutzte Fichtenholz ist einfach verfügbar und die Herstellung setzt im Gegensatz zu anderen Baumaterialien kein Kohlenstoffdioxid frei. Zudem weist es eine große Ermüdungsfestigkeit auf und hat deswegen bei ent-

5 Rettungstechniken

sprechender Verarbeitung laut dem Hersteller eine Lebensdauer von 40 Jahren.[9] Dazu ist es im Gegensatz zu bestehenden Türmen sehr einfach in 40-Fuß-Containern zu transportieren und vollständig recyclebar. Es wird damit gerechnet, dass gerade bei großen Nabenhöhen Holztürme günstiger zu fertigen sind als herkömmliche Turmkonzepte.[9]

Ein erster Prototyp wurde im Oktober 2012 in Hannover-Marienwerde errichtet und im Dezember 2012 in Betrieb genomen. Zum Einsatz kam eine 1,5-MW-Anlage des Herstellers Vensys auf einem 100-Meter hohen Holzturm der Timbertower GmbH. Der Holzturm besteht aus 28 Stockwerken und besitzt eine stabile achteckige Außenwand von ca. 30 cm Wandstärke aus Sperrholz. Es wurden etwa 1000 Bäume gefällt, um diesen Turm zu produzieren (ca. $400 m^3$ Holz = ca. 200t). Maschinenhaus und Rotor der Windkraftanlage lasten mit einem Gewicht von ca. 100 t auf dem Turm. Zur Ableitung von Blitzen ragen ca. 70 Drahtspitzen aus der Turmwand hervor. Eine UV-stabile PVC-Folie bildet die schützende Außenhaut des Turmes.

5.1.2 Rettungstechniken von Windenergieanlagen

[10]
In diesem Abschnitt, wird ein Vorschlag für eine Rettung von Windenergieanlagen gezeigt. Natürlich gibt es noch hundert andere Varianten. **Anfahrt zur Einsatzstelle → WEA nach Notfallschutzplan und GPS Daten** (das wird durch die AAO der Träger Brandschutz festgelegt)
benötigte Ausrüstung (Vorschlag):

- Einsatzausrüstung

- Trage mit Spinne (Empfehlung Petzl Nest Tragesystem

5.1 Windenergieanlagen

mit Spinne STEF)
alternativ kann eine Schleifkorbtrage mit einem verstellbaren Spinnensystem, wie in Abschnitt (5.6)gezeigt, verwendet werden.

- 2 Statikseile (2x Länge der Nabenhöhe der WEA)

- für den Vorstieg: Reepschnur 5mm - 300m, große Rolle (Empfehlung Rolle KOOTENAY der Firma Petzl), 2 Gewichte

- 2 Radeberger Haken

Einsatzablauf Betreten der WEA - NOTAUSSCHALTER betätigen Zwei Höhenretter (wenn möglich ein Sanitäter) begeben sich in die Gondel über die Leiter oder den Fahrkorb.

Ausrüstung der Retter: PSA gegen Absturz + Y-Schlingen + Steigschutzläufer, Vorstiegausrüstung, Funkgeräte(es hat sich bewährt PMR-Funkgeräte zu verwenden, da Digitalfunkgeräte nicht Funktionieren)

5 Rettungstechniken

Ankunft in der Gondel

- Betreuung der Verletzten Person - evtl. Notarzt Nachforderung und Sicherung beim Aufstieg

- Bodenluke in der Gondel öffnen und arretieren

- große Rolle oberhalb der Gondelöffnung anbringen

- Reepschnur doppelt ablassen

Abbildung 5.7: [10]

Bodenstation

- an einem Reepschnur-Ende werden nun die Statikseile, Trage und benötigte Anschlagmittel befestigt

- nun wird alles vom Bodenteam nach oben gezogen

- wenn alles oben ist können weitere Retter in die Gondel nachsteigen

- am Boden werden nur noch 2 Retter benötigt

5.1 Windenergieanlagen

Arbeiten in der Gondel

Abbildung 5.8: [10]   Abbildung 5.9: [10]

- Patienten in die Trage einbinden

- Beide Seile mit Ächtknoten mit doppelter Schlaufe"versehen und Retter sowie Trage daran befestigen

- Retter nimmt trage Senkrecht vor sich und wird von unten vorsichtig abgelassen
  Alternativ wird Retter zuerst durch die Gondelöffnung abgelassen und anschließend die Trage.

- unter der Gondel wird die Trage waagerecht gestellt und arretiert
  Sollte kein fertiges System Existieren dann ist im Kapitel 5.6 eine Lösung zu finden.

- mittels Funkkontakt wird der Retter abgelassen

- Es hat sich als vorteilhaft erwiesen das ablassende Seil in das vom Boden kommende Seil einzuhängen (Abbildung 5.10), das ermöglicht eine Führung und verhindert das Pendeln des Retters mit der Trage.

5 Rettungstechniken

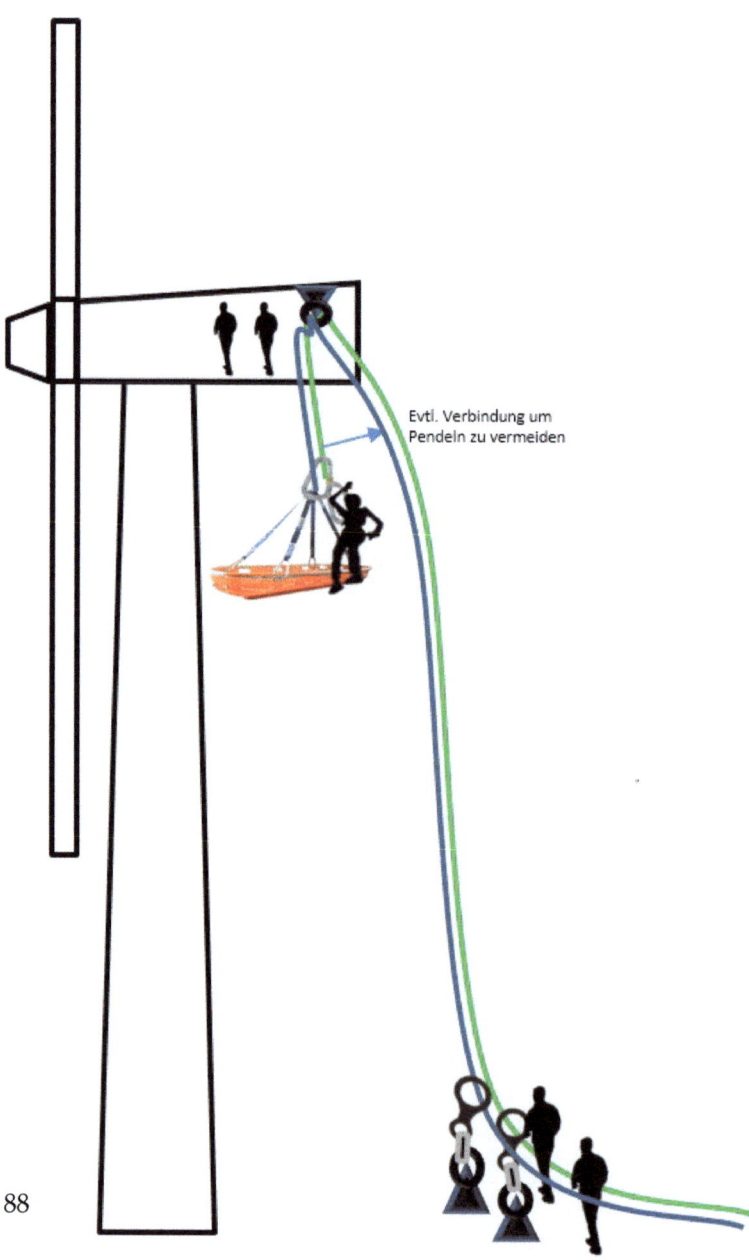

Abbildung 5.10: [3]

5.1 Windenergieanlagen

Die Rettungstechnik lässt sich noch vereinfachen, indem man das Benötigte Material mithilfe des in der Gondel Verbauten Krans nach oben befördert und den Patienten von der Gondel aus gesteuert ablässt. Diese Vorgehensweise hat den Vorteil das die maximal verwendete Seillänge nur der Höhe der WEA entsprechen muss, anders als bei der oben gezeigten Variante die Doppelte Seillänge.

5 Rettungstechniken

5.2 Rettung von Personen mittels Vertikaler Rettungstechniken

5.2.1 Rettung durch übernehmen

Diese Rettungsmethode eignet sich besonders gut wenn die zu rettende Person bewusstlos ist oder eine Konstruktion durchquert werden muss bzw. Anbauteile im Weg sind oder die Gefahr des Anprallen für die zu rettende Person besteht. Der Retter seilt sich Fremdgesichert bis zur Person ab (Bild1) und Übernimmt sie entweder in die Rettungsöse vom Radeberger Haken oder in eine Riggingplatte, wenn ein Abseilgerät verwendet wird (Abbildung 5.11). WICHTIG die zu rettende Person wird in das Sicherungsseil mit eingebunden. Hier eignet sich gut der „Achtknoten mit doppelter Schlaufe" (Hasenohren Knoten)! Anschließend kappt der Retter das Seil bzw. Gurtband des Auffanggerätes und seilt sich mit der Person gemeinsam ab

Abbildung 5.11: [3]

5.2 Rettung von Personen mittels Vertikaler Rettungstechniken

Abbildung 5.12: [3]   Abbildung 5.13: [3]

Benötigte Ausrüstung Sicherungstrupp: Abseilachter, Bandschlinge, Karabinerhaken, Steigklemme (Kann alles entfallen wenn Abseilgeräte (ID) verwendet wird.).

Benötigte Ausrüstung Retter: Radebergerhaken, Expressschlinge mit Karabinerhaken, Messer

5 Rettungstechniken

5.2.2 Rettung durch ablassen

Diese Rettungsmethode eignet sich wenn die Rettungshöhe nicht sehr hoch ist bzw. wenige Retter zur Verfügung stehen. Hierbei wird mit einem Prusikknoten oder einer Steigklemme in das Auffanggerät eingebunden und diese dann am Anschlagpunkt gekappt oder ausgehangen (Hierbei muss man natürlich das gesamte System mit einem Flaschenzug entlasten. Als Ablasseinrichtung wird ein Abseilgerät empfohlen da hierbei ein Festlegen des Ablassseiles problemlos möglich ist. **WICHTIG, Bei dieser Technik steht keine 2. Sicherung zur Verfügung, und sollte nur als Crashrettung verwendet werden!**
Benötigte Ausrüstung: Abseilachter, Bandschlinge, Karabinerhaken, Steigklemme (Kann alles entfallen wenn Abseilgeräte (ID) verwendet wird.), Steigklemme oder Prusikknoten.

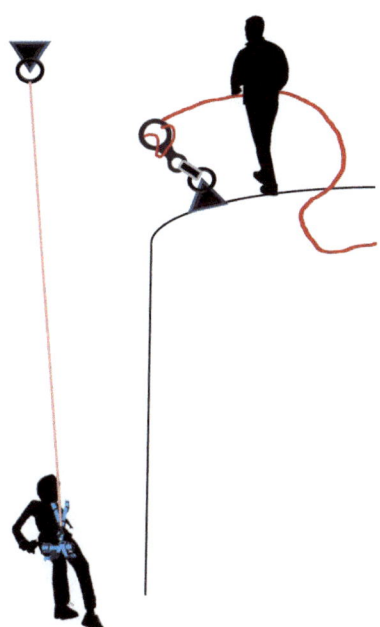

Abbildung 5.14: [3]

5 Rettungstechniken

Abbildung 5.15: [3]

5.2.3 Rettung mit Trage -Parallelabfahrt-

Bei dieser Rettungstechnik seilen sich Zwei Retter in Verbindung mit einer Trage ab. Hierbei ist es möglich durch verschiedene Abseilgeschwindigkeiten der Retter die Trage zu positionieren, sprich senkrecht oder waagerecht zu verstellen.
2x Benötigte Ausrüstung Sicherungstrupp: Abseilachter, Bandschlinge, Karabinerhaken, Steigklemme (Kann alles entfallen wenn Abseilgeräte (ID) verwendet wird.), Steigklemme oder Prusikknoten.

5.2 Rettung von Personen mittels Vertikaler Rettungstechniken

2x Benötigte Ausrüstung Retter: Radebergerhaken, 2x Bandschlinge ca. 150cm

Abbildung 5.16: [3]

5 Rettungstechniken

5.2.4 Rettung mit Trage -Einzelabfahrt-

Möglichkeit 1

Abbildung 5.17: [3]

Hier seilt sich der Retter mit Hilfe des Radebergerhaken und einer Trage ab.
Benötigte Ausrüstung Sicherungstrupp: Abseilachter, Bandschlinge, Karabinerhaken, Steigklemme (Kann alles entfallen wenn Abseilgeräte (ID) verwendet wird.).

5.2 Rettung von Personen mittels Vertikaler Rettungstechniken

Benötigte Ausrüstung Retter: Radebergerhaken, Expressschlinge
Möglichkeit 2

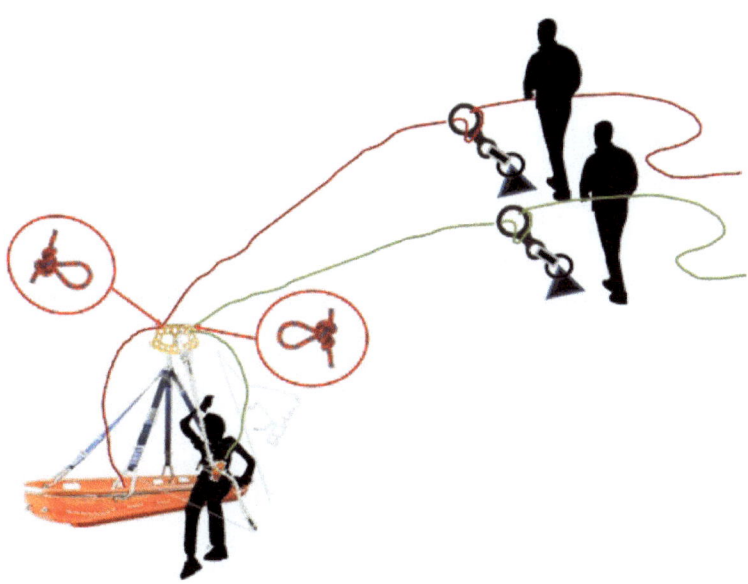

Abbildung 5.18: [3]

Hier wird der Retter von Personen abgelassen. Der Retter kann sich mit Hilfe des Grillon oder des Abseilgerätes an der Trage Positionieren.
2x Benötigte Ausrüstung Sicherungstrupp: Abseilachter, Bandschlinge, Karabinerhaken, Steigklemme (Kann alles entfallen wenn Abseilgeräte (ID) verwendet wird.). **Benötigte Ausrüstung Retter:** Seilkürzer(Grillon) min. 2m lang oder Abseilgerät

5 Rettungstechniken

(ID) und 5m/11mm Kernmantelseil, Riggingplatte

Bei beiden hier gezeigten Möglichkeiten sollte darüber nachgedacht werden die Anschlagspinne der Trage am Fußende gegen ein veränderlichen Seilkürzer einzutauschen (Abschnitte 5.6), da somit ein Verändern der Tragen Position möglich ist (Die Trage kann senkrecht gestellt werden und wieder zurück).

5.3 Diagonale Rettungstechniken

Bei der Anwendung Diagonalen Rettungstechniken ist die Kräfteverteilung im Seilsystem zu berücksichtigen, siehe Abschnitt 2.1.

2x Benötigte Ausrüstung Sicherungstrupp: Abseilachter, Bandschlinge, Karabinerhaken, Steigklemme (Kann alles entfallen wenn Abseilgeräte (ID) verwendet wird.).

Benötigte Ausrüstung Retter: Seilkürzer (Grillon) min. 2m lang oder Abseilgerät (ID) und 5m/11mm Kernmantelseil, Kotenai-Rolle oder Doppelrolle

Benötigte Ausrüstung Bodenpersonal: Radebergerhaken, Prusikknoten oder Shunt, Einfachrolle zum Spannen des Schrägseils (max. 2 Personen und eine Umlenkrolle verwenden (Expressflaschenzug siehe Abschnitt 5.5.3)).

Tipp: Wenn eine Rolle mit Rücklaufsperre verwendet wird, erleichtert diese den Spannvorgang.

5.4 Horizontale Rettungstechniken

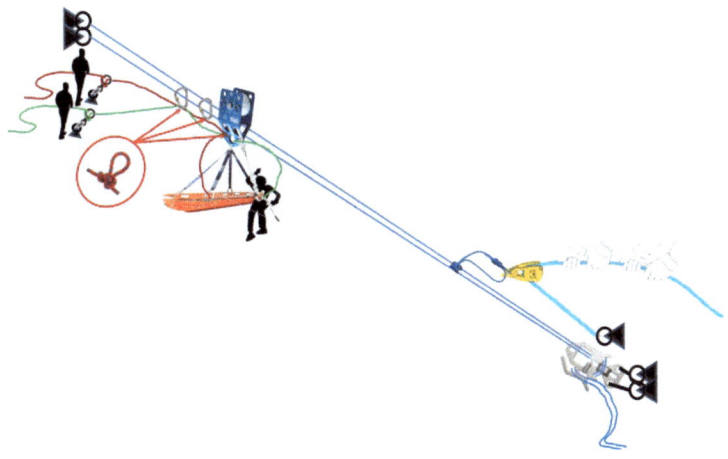

Abbildung 5.19: [3]

5.4 Horizontale Rettungstechniken

In der Bergrettung findet diese Technik häufig Anwendung da hier oft Schluchten überwunden werden müssen, wobei sie in der Industrie eher wenig verwendet wird.
Bei der Anwendung von Horizontalen Rettungstechniken ist wieder auf die Kräfteverteilung im Seilsystem zu achten, siehe Abschnitt 2.1
Benötigte Ausrüstung Retter: Seilkürzer (Grillon) min. 2m lang oder Abseilgerät (ID) und 5m/11mm Kernmantelseil, Kootenai-Rolle oder Doppelrolle
Benötigte Ausrüstung Seite B: Radebergerhaken, **zum spannen des Tragseiles-** Prusikknoten oder Shunt, Einfachrolle.
Zum Bewegen 2x Abseilgerät (ID), 2x Steigklemme oder Prusikknoten.

5 Rettungstechniken

Benötigte Ausrüstung Seite A: Zum Bewegen 2x Abseilgerät (ID), 2x Steigklemme oder Prusikknoten

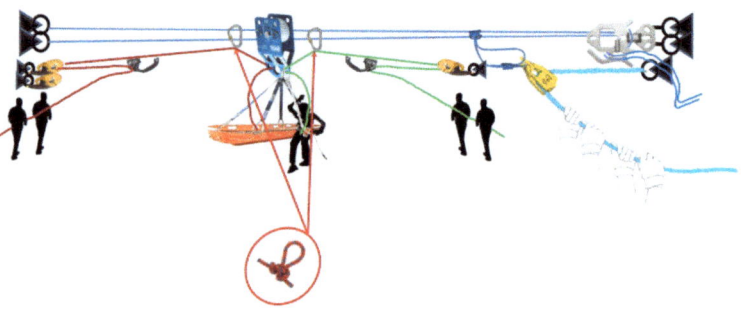

Abbildung 5.20: [3]

Alternative: Höhe des Retters Individuell einstellbar, unabhängig der Bewegung in der Horizontalen.

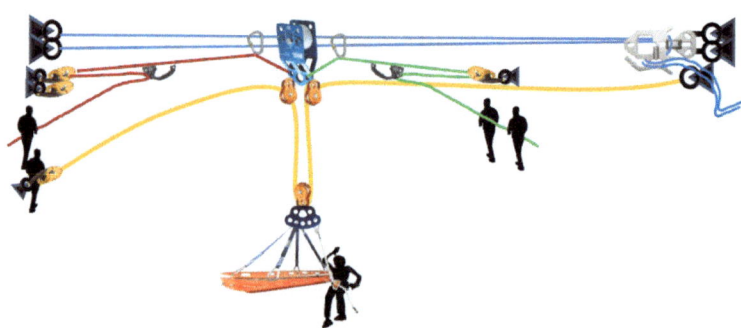

Abbildung 5.21: [3]

5.5 Flaschenzugsysteme

Zweck eines Flaschenzuges: Man will mit einer kleiner Zugkraft F_Z eine schwere Last F_L anheben. Ein Flaschenzug besteht aus Rollen. Die einfachsten Anordnungen von Rollen sind feste *(Die Rolle heißt fest, weil sie ihre Position nicht verändert.)* und lose Rollen.

Die feste Rolle zählt nicht zu den Flaschenzügen. Mit festen Rollen werden Kräfte umgelenkt. Die Zugkraft F_Z bleibt unverändert, nur die Zugrichtung wird umgelenkt. Man Spricht deshalb von einer „Umlenkrolle".

Lose Rollen liegen im Seil und werden von diesem getragen. Beim Ziehen mit F_Z wird die Rolle nach oben mitgenommen. Jeder der beiden Teile des Seils, die die lose Rolle einschließen, nimmt die halbe Last auf. Damit wird die Zugkraft $F_Z = \frac{F_L}{2}$. Der Seilzugweg s_Z ist dabei doppelt so groß wie der Hubweg s_L.

Eine Frage, die bei losen Rollen oft gestellt wird, ist: „Wie kann man erklären, dass der Zugweg s_Z doppelt so groß ist wie der Hubweg s_L?"

Die Antwort mit der Goldenen Regel der Mechanik leuchtet zwar ein, ist aber immer noch einigermaßen theoretisch. Praktischer ist es, die sich drehende lose Rolle als Hebel mit Drehpunkt P zu betrachten. Die Hebellänge entspricht dem Durchmesser der Rolle 2*R.

Für den Hebel gilt $\frac{s_Z}{2R} = \frac{s_L}{R}$ oder Zugweg $s_Z = 2 * S_L$

5 Rettungstechniken

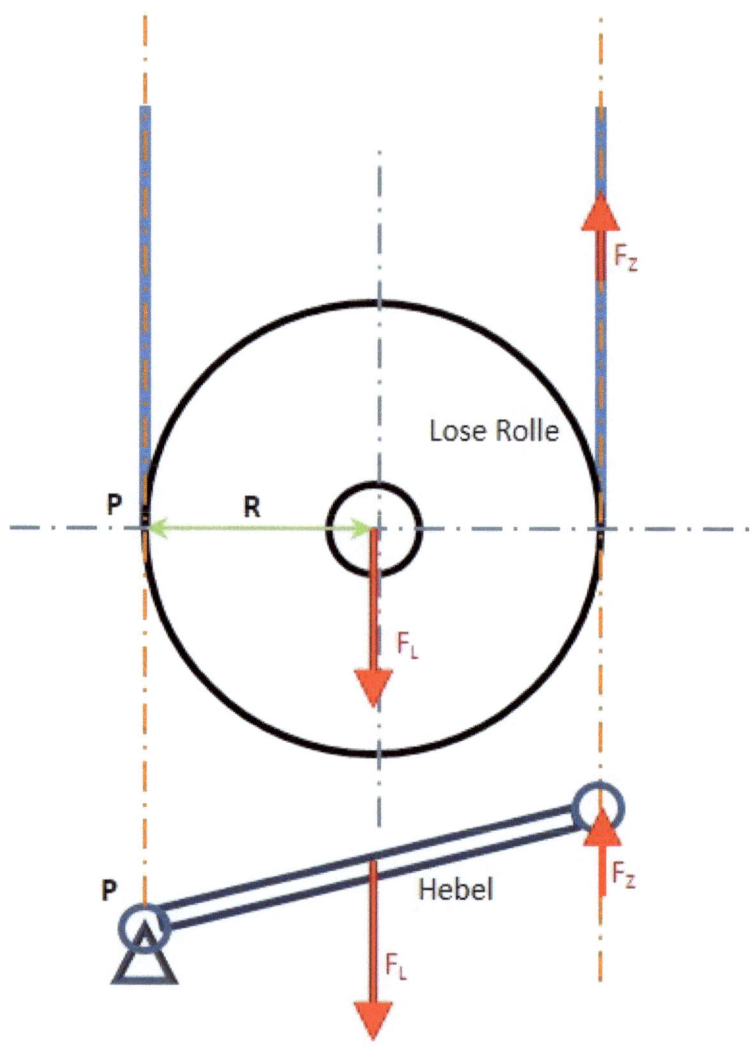

Abbildung 5.22: [3]

5.5 Flaschenzugsysteme

5.5.1 einfachen Faktorenflaschenzug

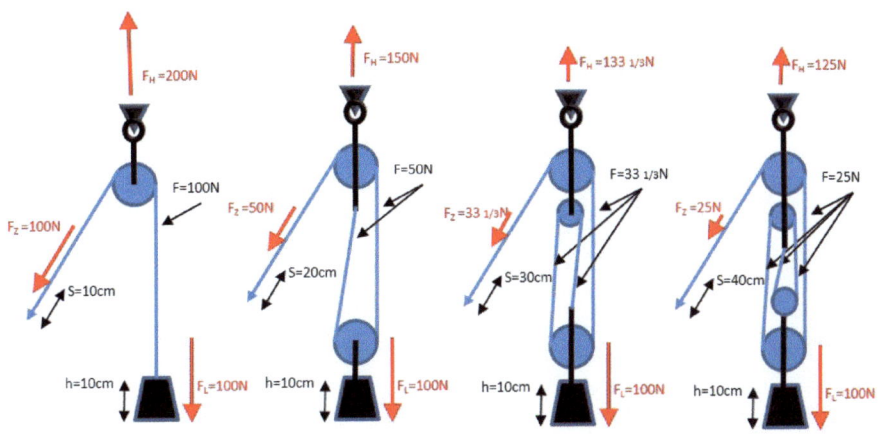

Abbildung 5.23: [3]

5 Rettungstechniken

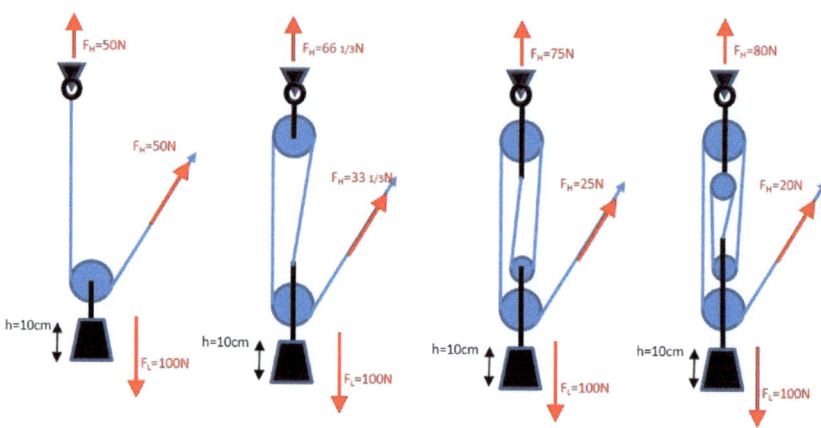

Abbildung 5.24: [3]

Wie sie in den zwei Abbildungen erkenne können ist die Rollen Konfiguration identisch, jedoch das Kräfteverhältnis ist unterschiedlich. Hier liegt das Augenmerk auf die Zugrichtung des Zugseiles. Im oberen Abbildung 5.23 ist es von oben nach unten und im Unteren Abbildung 5.24 von unten nach oben.
Zudem ist die Kräfteverteilung in den Beiden Abbildungen zu beachten: Im Bild oben addieren sich die Kräfte aus Zugkraft und Kraft der Last im Anschlagpunkt. $F_H = F_L + F_Z$
Im unteren Bild ist die Kraft im Anschlagpunkt nur noch so groß wie der Summand aus Kraft der Last und Zugkraft. $F_H = F_L - F_Z$
Das muss beim Aufbau der Flaschenzüge mit bedacht werden, wobei man wahrscheinlich niemals ein Seil nach oben zieht. Denn nach unten zieht sich ein Seil immer besser.
Für die Physiker unter ihnen noch eine Formel:

5.5 Flaschenzugsysteme

$F_Z = \frac{F_L}{n}$

Gewichtskraft geteilt durch Anzahl tragende Seile. (Faktor aus Gewichtskraft und tragende Seile)

5.5.2 einfacher Potenzflaschenzug

Bei einem Potenzflaschenzug wird die Krafteinsparung nur durch Lose Rollen erzielt. Dadurch wird die Kraft jeweils halbiert. Diese Wirkung potenziert sich mit der Anzahl n der losen Rollen: Bsp.: $F_Z = \frac{F_L}{2^n}$
→Gewichtskraft geteilt durch Potenz der Anzahl tragende Seile. (Faktor aus Gewichtskraft und Potenz der tragenden Seile)
FL = 100N ;
n= 1 ; 2 (wie im Abbildung 5.29) ; 3 ; 4
$F_Z = \frac{100}{2^1} = 50N$
$F_Z = \frac{100}{2^2} = 25N$
$F_Z = \frac{100}{2^3} = 12,5N$
$F_Z = \frac{100}{2^4} = 6,25N$

Daraus folgt, dass jede lose Rolle, die in das System eingefügt wird, zu einer Halbierung der Zugkraft führt.

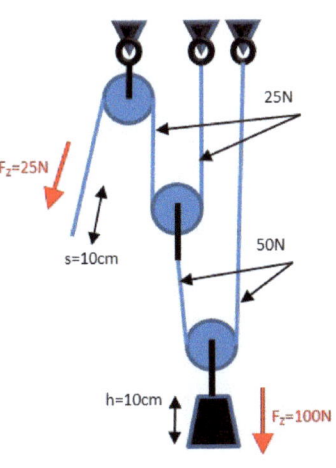

Abbildung 5.25: [3]

5 Rettungstechniken

5.5 Flaschenzugsysteme

5.5.3 Expressfalschenzug

Der Expressflaschenzug fällt traditionellerweise in die Kategorie der Rettungstechniken. Warum das so ist, erscheint uns etwas schleierhaft, denn „retten", im Sinne von „hochziehen" funktioniert damit nicht. Er leistet aber gute Dienste, wenn man ein Seil schnell spannen will oder eine festgefahrene Sicherung entlasten möchte. Wunderdinge dürfen vom Expressflaschenzug keine erwartet werden und wenn es schon etwas Seilreibung hat oder man nicht zu den kräftigeren 50% der Höhenretter zählt, empfiehlt es sich, besser gleich etwas mit ordentlicher Übersetzung (z.B. Seilrollenflaschenzug) zu bauen.

Expressflaschenzug in Verwendung mit einem Abseilachter

1. Während das Bremsseil mit einer Hand festgehalten wird, legt man mit der anderen Hand um das belastete Seil einen Kurzprusik, Steigklemme oder Tibloc, der möglichst eng abgeknotet wird. Das ist mit etwas Übung kein Problem und geht schnell - es heißt ja auch „Express"-Flaschenzug.

2. Jetzt einen Karabiner in den Kurzprusik einhängen und darin das freie Bremsseil umlenken **- ohne es loszulassen!**

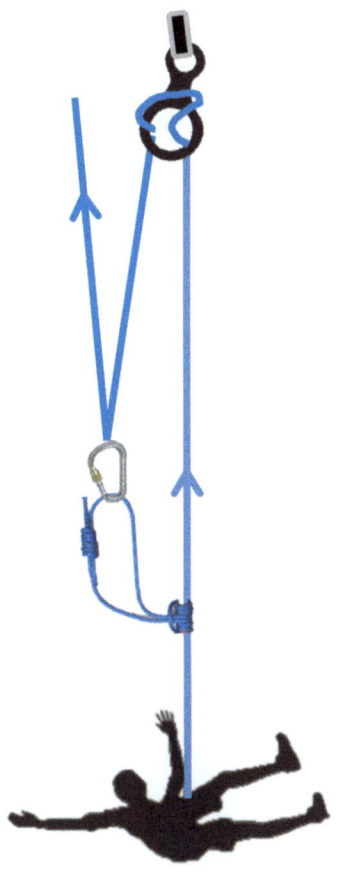

Abbildung 5.26: [3]

5 Rettungstechniken

3. Sich günstig Positionieren und mit beiden Händen, mit Kraft nach oben ziehen, wobei man die einfache Flaschenzugwirkung abzüglich der Reibung nutzen kann.
4. Am Endpunkt angekommen muss man sich konzentrieren: Es gilt nun, das Bremsseil (!) mit einer Hand festzuhalten, um den Absturz des Partners zu verhindern (falls sich jemand schwertut, das Bremsseil und das Lastseil auseinanderzuhalten, kann er mit dieser Hand auch beide Seile blockieren).
5. Mit der anderen Hand wird der jetzt entlastete Kurzprusik wieder nach unten geschoben - und das Spiel geht von vorne los.

Der Kurzprusik gehört zwar zur Basisausstattung jedes Höhenretters, falls man aber nur eine kleine Klemme (z.B. Tibloc) oder eine Steigklemme zur Hand hat, dann kann man sich das für Grobmotoriker mitunter mühsame Fädeln und Abknoten des Prusiks sparen.

5.5.4 Schweizer Flaschenzug

[11]

Zur Unterstützung von Erschöpften und zur Bergung von Verletzten werden häufig sogenannte Schweizer Flaschenzüge verwendet. Für die Berechnung der idealen Kraftumsetzung kann man folgende Regel nutzen: Entlang eines Seiles herrscht überall eine betragsmäßig gleich große Kraft. Jede Rolle verteilt also die an ihrer Achse angreifende Kraft gleichmäßig auf beide Seilstücke. Im Modell ist ersichtlich, dass die Zugkraft F in allen drei Seilstücken gleich wirkt und die Gesamtkraft daher dreimal so groß ist. In der Abbildung entspricht der losen Rolle der linke Karabiner (beides rot markiert), der rechte Karabiner

5.5 Flaschenzugsysteme

dient zur Kraftumlenkung. Die Kraftübertragung zum losen Karabiner (rot markiert) erfolgt über die dunklere Reepschnur, die mit dem Hauptseil fix verbunden ist. Die rechte, hellere Reepschnur ist oben verankert, mit dem Seil fest verbunden und dient als Rücklaufsperre.

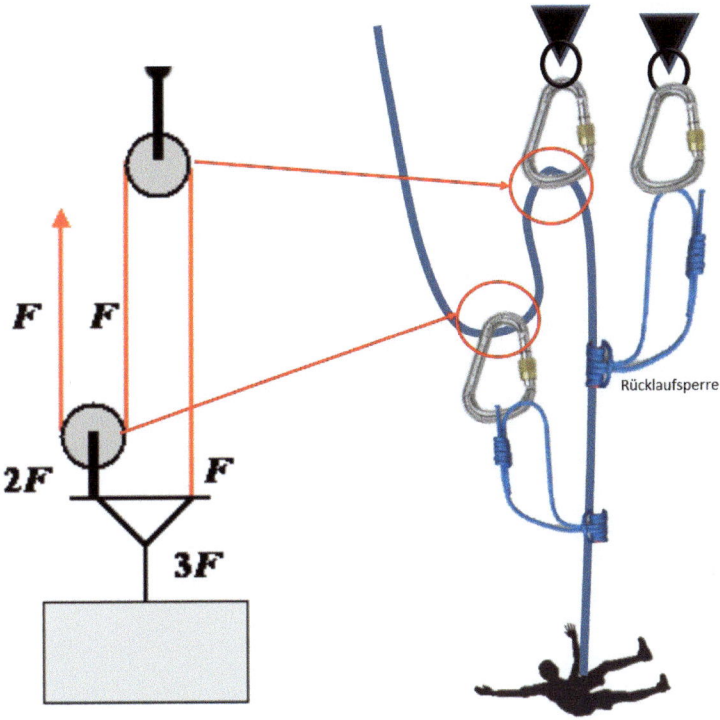

Abbildung 5.27: Schweizer Flaschenzug mit Kraftumsetzung 1:3 [3]

5 Rettungstechniken

5.6 Verstellbares Tragen-System

Um eine Trage durch Schachtöffnungen oder ähnliches zu bewegen, ist es oft nötig die Tragen-Position zu verändern. Bei der hier gezeigten Variante besteht der Vorteil das der Retter die Trage von der Vertikalen in die Horizontale ohne großen Kraftaufwand allein ermöglichen kann. Diese Methode eignet sich hervorragen um einen Patienten aus einem Windrad zu retten. Hierbei muss nur die Bauhöhe der ganzen Konstruktion so klein wie möglich gewählt werden.

5.6 Verstellbares Tragen-System

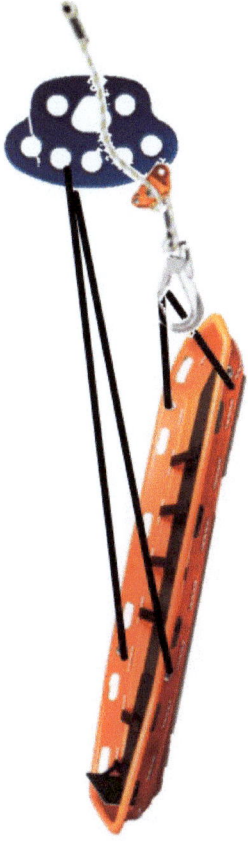

Durch ablassen des Flaschenzuges oder des Seilkürzers kann die Trage in eine horizontale Position gebracht werden.

Sollte es notwendig sein die Trage wieder in eine Vertikale Position zu bringen, muss eine Umlenkung des losen „Seilkürzer Seils" einen Flaschenzug gebaut werden. Die Anordnung des Seilkürzers kann auch an das Fußende gebracht werden um ein nachträglichen Verändern der Position von der Horizontalen in die Vertikale zu ermöglichen.

Abbildung 5.29: [3]

Abbildung 5.28: [3]

5 Rettungstechniken

6 Notfallsituation: Hängetrauma

Den nun nachfolgenden Text habe ich der Vollständigkeit halber von Wikipedia, Hängetrauma kopiert, da ich der meinung bin das hier alles wichtigen (aber auch evtl. unwichtige) Dinge beschrieben werden.
[12]
Der Begriff **Hängetrauma** beschreibt einen potenziell lebensbedrohlichen Schockzustand, welcher bei längerem bewegungslosen freien Hängen in einem Gurtsystem auftreten kann. Die erzwungene aufrechte Körperhaltung (Orthostase) führt hierbei durch die Schwerkraft zum „Versacken" des Blutes in herabhängenden Körperteilen. Nach der Rettung ist eine zu rasche Änderung der aufrechten Körperhaltung zu vermeiden, damit es nicht zu einer weiteren lebensbedrohlichen Entgleisung der Kreislaufregulation (Rettungskollaps) kommt. Das Hängetrauma ist als Krankheitsbild erst seit den 1970er Jahren bekannt.

6.1 Ursache

Langes bewegungsloses Hängen kann zum Hängetrauma führen.
Ursächlich sind heutzutage meist Unfälle, bei denen der Patient anschließend längerfristig bewegungslos aufrecht in einem Gurtsystem hängt. Mögliche Ursachen für ein regungsloses Verharren können beispielsweise Erschöpfung, Unterzuckerung, Unterkühlung, technische oder psychische Probleme oder auch ein Schädel-Hirn-Trauma sein. Gefährdet sind nicht nur

6 Notfallsituation: Hängetrauma

Fallschirmspringer, Bergsportler, oder Gleitschirm- bzw. Drachenflieger, sondern vor allem Erwerbstätige beispielsweise im Bergbau.

6.2 Krankheitsentstehung

Normale orthostatische Reaktion
Wenn ein Mensch seine Körperlage vom Liegen zum Stehen ändert, „versacken" unter normalen Bedingungen bis zu 600 ml Blut (bei Vorliegen von Krampfadern auch deutlich mehr) schwerkraftbedingt in den venösen Kapazitätsgefäßen der Beine.
Dadurch vermindern sich kurzzeitig Herzminutenvolumen und arterieller Blutdruck. Die Gegenregulation des Körpers (Orthostase-Reaktion) besteht in einer Verengung der Blutgefäße, Steigerung von Herzfrequenz und Katecholaminausschüttung, sowie in einer Aktivierung des Renin-Angiotensin-Aldosteron-Systems mit dem Ziel, den Blutdruck wieder zu steigern. Synergistisch wirkt die Anregung der Muskelpumpe der Beine beim Stehen oder Gehen. Lokale Selbstregulationsmechanismen der Blutgefäße des Gehirns kompensieren dort einen kritischen Abfall der Durchblutung. Ist die Wirkung dieser Gegenregulation jedoch nicht ausreichend und die Durchblutung des Gehirns dadurch empfindlich reduziert, treten Schwindel oder gar Ohnmacht (orthostatische Synkope) auf. Unter Normalbedingungen verlässt die betroffene Person dabei unverzüglich die aufrechte Körperposition und setzt sich hin oder stürzt, wodurch sich die schwerkraftbedingten Veränderungen kurzfristig deutlich vermindern. Das Auftreten eines orthostatischen Schockzustandes ist unter diesen Bedingungen nicht zu erwarten.
Entstehung des Hängetraumas
Beim freien Hängen in einem Gurtsystem ist einerseits im Fal-

le einer Überforderung (Dekompensation) der orthostatischen Gegenregulationsmechanismen (Auftreten einer orthostatischen Synkope) eine Änderung der aufrechten Körperposition und damit eine Rückbildung der schwerkraftbedingten Veränderungen in aller Regel nicht möglich und andererseits fehlt dabei auch ein „Gegendruck" auf die Füße, um den venösen Rückfluss durch eine Anregung der Muskelpumpe zu verbessern und damit das Herzschlagvolumen zu erhöhen. Im weiteren Verlauf „versackt" das Blut zunehmend in den herabhängenden Körperteilen, wodurch längstens binnen einer halben Stunde ein lebensbedrohlicher (orthostatischer) Schock und eine anhaltende Sauerstoffminderversorgung des Gehirns eintreten. Erschwerend können schwerkraftbedingte Einschnürungen der Extremitäten durch das Gurtsystem im Sinne eines unblutigen Aderlasses oder gar eines Tourniquet-Syndromes und eine Varikosis hinzukommen.

Letztlich entwickelt sich also eine Umverteilung des Blutes, die anfänglich zwar lediglich zu einer Überforderung der orthostatischen Gegenregulationsmechanismen des Körpers führt, in deren weiterem Verlauf jedoch ein so relevanter funktioneller Volumenmangel entsteht, dass sich ein Schockzustand in lebensbedrohlichem Ausmaß entwickelt.

6.3 Pathogenese des drohenden Bergungstodes

Der Bergungstod ist eine typische Komplikation bei der notfallmedizinischen Versorgung Betroffener. Im Rahmen eines Hängetraumas sammelt sich in den herabhängenden Extremitäten eine große Menge Blut an. In diesem Blut sind – aufgrund der schockbedingt mangelhaften Durchblutung – giftige Stoffe, wie sie auch beim Postischämie-Syndrom auftreten, zu erwarten. Wird nach einer Bergung eine Person zu rasch aus der auf-

6 Notfallsituation: Hängetrauma

rechten in eine liegende Position oder gar Schocklage gebracht, so kommt es einerseits zur plötzlichen Volumenbelastung des Herz-Kreislaufsystems (mit sauerstoffarmen Blut aus den herabhängenden Körperteilen), andererseits ist aber beispielsweise auch ein plötzlicher Anstieg des Blutkaliumspiegels (mögliche Ursache einer Störung der Herzfunktion bis hin zur Asystolie) aber auch anderer giftiger Stoffe ähnlich wie beim Postischämie-Syndrom zu erwarten.

6.4 Symptome

Die Zeit bis zum Auftreten erster Symptome ist interindividuell sehr unterschiedlich. Sie können bereits nach wenigen Minuten, in der Regel jedoch spätestens nach 20 Minuten freien Hängens auftreten. Typisch sind dabei Blässe, Schwitzen, Kurzatmigkeit, Sehstörungen, Schwindel, Übelkeit, Blutdruckabfall und Taubheit der herabhängenden Beine.

6.5 Therapie

Präventiv ist ein geeignetes Gurtsystem zu verwenden, das bei freiem Hängen weder die Atmung beeinträchtigt noch die Extremitäten abschnürt. Zusätzlich werden als Notfallausrüstung Seilschlaufen empfohlen. In diese kann der Verunfallte seine Füße stecken und sich dann mit den Beinen abstützen, um die Funktion der Muskelpumpe anzuregen. Diese Maßnahmen sind in der Anfangsphase auch therapeutisch einsetzbar. Entscheidend ist jedoch, den Patienten so schnell wie möglich aus der freihängenden Position zu retten. Da es sich beim Hängetrauma um ein Schockgeschehen handelt, ist es ein notfallmedizinisches Krankheitsbild (Schock). Um einen Bergungstod zu vermeiden, muss der Patient sofern irgend möglich für die ersten etwa 20 Minuten mit aufrechtem Oberkörper gelagert werden. Die weiteren Maßnahmen richten sich symptombezogen nach dem Zustandsbild.

6.6 Allgemeine Bedeutung

Das Hängetrauma ist ein seltenes Ereignis; seine Bedeutung wird unterschiedlich eingeschätzt. Berufsgenossenschaften sehen die Notwendigkeit, insbesondere in der Prävention (Arbeitsschutz) tätig zu sein. Etwa 20 dokumentierte Fälle, bei denen als Todesursache alleinig ein Hängetrauma anzunehmen ist, stammen aus den 1960er und 1970er Jahren.Sie stellten daher die Frage, ob das Hängetrauma bei Anwendung moderner Gurtsysteme konkret oder lediglich als „theoretisches Risiko" einzuschätzen ist und fordern weitere Forschungsprojekte. Auch auf als sicher geltenden Baustellen wird in Einzelfällen von Unfällen berichtet, bei denen ein Hängetrauma als (Beinahe-)Todesursache naheliegt. Beim (Sport-)Klettern wird das Hängetrauma als eine sehr seltene Komplikation betrachtet, nach Aussagen des Deutschen Alpenvereins gibt es jedoch über solche Unfälle in diesem Bereich keine exakten Statistiken.
Sport- und Arbeitsmedizin
Heutzutage spielt das Hängetrauma vornehmlich bei Unfällen über die notfallmedizinischen Aspekte hinaus eine Rolle. Geeignete Prävention und Therapie können grundsätzlich in vielen Fällen lebensrettend sein. Das Hängetrauma spielt daher sowohl in der Sport- als besonders auch in der Arbeitsmedizin eine Rolle.
Hinrichtungen Die Kreuzigung war in der Vergangenheit eine verbreitete Form der Hinrichtung. Die Betroffenen wurden dabei frei hängend in aufrechter Körperposition fixiert. In der

6 Notfallsituation: Hängetrauma

Theologie wird das Hängetrauma als Ursache für den Tod Jesu am Kreuz diskutiert.

6.7 Begriffsbegrenzung

Als Todesursachen beim Hängen gelten die Kompression der Halsweichteile mit möglicher Unterbindung der Gehirndurchblutung, Reizung des Sinus caroticus oder Ersticken sowie selten auch die „Hanged man's fracture" (Bogenfraktur der Axis(2. Halswirbel) mit Spondylolisthesis (Instabilität der Wirbelsäule) und möglicher Kompression der Medulla oblongata(Atemzentrum im verlängertem Mark)).

6.8 Erstbeschreibung

Der französische Arzt und Höhlenforscher Maurice Amphoux gilt als Erstbeschreiber des Hängetraumas. In den 1970er Jahren waren ihm ungeklärte Todesfälle unter Höhlenforschern aufgefallen, die nach einem zunächst harmlos wirkenden Absturz gestorben waren. Wenn es auch bereits Ende der 1960er Jahre erste Versuche mit frei hängenden Personen gegeben hatte, so war er es, der als Erster die These aufstellte, dass ursächlich für den zum Teil fatalen Ausgang eines Hängetraumas Herz-Kreislaufprobleme („Kreislaufschock") sind.

7 Notfallsituation: Rettungskollaps

[13] Der Begriff **Rettungskollaps (englisch rescue collapse)** stammt aus der Rettungsmedizin. Bei einem Rettungskollaps treten Störungen der Herz-Kreislauf-Funktion auf, wobei Herzkammerflimmern zum Bergungstod führt. Statistiken beschreiben eine Arrhythmie während der Rettungsmaßnahmen als Folge einer senkrechten Position des Verunglückten beim Transport. Bei einer hinzutretenden Hypothermie (Unterkühlung) ist die Gefahr eines Rettungskollapses durch die veränderte Kreislauf- und Stoffwechselsituation am größten. Insbesondere in Seenot geratene Schiffbrüchige können beim Bergen in senkrechter Körperposition einen Rettungskollaps erleiden. Bei aktivem Anbord-Klettern besteht die gleiche Gefährdung wie bei einer senkrechten Helikopter-Rettung. Dies gilt auch für die Bergrettung und Höhlenrettung. Zielsetzung ist deshalb, einerseits eine Unterkühlung zu vermeiden und andererseits die Bergung in waagrechter Position durchzuführen.

7.1 SARRRAH

Das Projekt SARRRAH (Search and Rescue, Resuscitation and Rewarming in Accidental Hypothermia) hat zum Schwerpunkt seiner Arbeit gemacht, die Rettung Unterkühlter zu verbessern. Im Rahmen des Forschungsprojektes Rescue Lifting System (RLS) wurden spezielle Doppelschlaufen im Rettungsgeschirr entwickelt, mit denen eine Art Liegesitzposition erreicht wird. Diese hat sich sowohl medizinisch als auch während der Rettungsmanöver als ideal herausgestellt.

7 Notfallsituation: Rettungskollaps

7.2 ICAR

Die Internationale Kommission für alpines Rettungswesen hat Empfehlungen zur Bergrettung herausgegeben. Unter anderem wird darin eine ständige EKG-Überwachung während der Bergung und während des Transports empfohlen. Fremdreize der möglichen Opfer sollten minimiert werden, gleichzeitig sollen übermäßige Bewegungen der Gliedmaßen vermieden werden. Der Transport soll möglichst schonend und in waagrechter Position erfolgen.

7.3 Auftreten des Rettungskollaps

Bei der komplizierten Rettungsaktion in der Riesending-Schachthöhle im Juni 2014 spielte die Gefahr eines Rettungskollapses eine große Rolle, weil in dem sehr großen Höhlensystem lange und schwierige Wege zu überwinden waren und medizinisches Spezialgerät unter Tage nicht vorhanden war. Insbesondere ging es darum, bei einer Umgebungstemperatur von 4 Grad Celsius eine Hypothermie zu vermeiden und den verletzten Höhlenforscher -soweit es die Gegebenheiten zuließen- möglichst in waagerechter Position zu transportieren.

Literaturverzeichnis

[1] Steffen Ranft. Ad trainer/ leiter höhenrettung werkfeuerwehr - ausbildungsunterlage hrd schwarze pumpe. 2001.

[2] NASA/Apollo 17 von Wikipedia. Wikipedia.

[3] Mirco Bode. Alle bilder von mirco bode erstellt.

[4] Mirco Bode. Ab höhenrettung werkfeuerwehr 2016.

[5] " BGRCI, „Absturzpävention online. 2014 available: http://www.absturzpraevention-online.de/.

[6] DGUV Information 201-056. 2016, planungsgrundlagen von anschlageinrichtungen auf dächern-abschnitt 1.2.

[7] Höhenrettung Werkfeuerwehr Vattenfall / LEAG. Ausbildungsunterlagen hrd werkfeuerwehr.

[8] Wikipedia-Windkraftanlage. 2016, available: https://de.wikipedia.org/wiki/windkraftanlage.

[9] Wikipedia-Windkraftanlage. 2016, available: https://de.wikipedia.org/wiki/windkraftanlage.

[10] Karl H. Gayh. Ab höhenrettung werkfeuerwehr, 2015.

[11] Dietmar Hahm. http://www.solstice.de/cms/upload/pdf/klettern.pdf, 2015.

[12] Hängetraume Wikipedia. https://de.wikipedia.org/, 2015.

Literaturverzeichnis

[13] Rettungskollaps Wikipedia. https://de.wikipedia.org/wiki/rettungskollaps, 2015.

Herstellung und Verlag:
BoD - Books on Demand, Norderstedt
ISBN 978-3-7431-7453-5